DENIS JACQUET

GRÉGOIRE LECLERCQ

W0249043

UBERISATION

UN ENNEMI QUI VOUS VEUT DU BIEN ?

DUNOD

Tout le catalogue sur
www.dunod.com

DUNOD
ÉDITEUR DE SAVOIRS

Couverture : Misteratomic

Vidéos : Baptiste Gosselin

Le pictogramme qui figure ci-contre mérite une explication. Son objet est d'alerter le lecteur sur la menace que représente pour l'avenir de l'écrit, particulièrement dans le domaine de l'édition technique et universitaire, le développement massif du photocopillage.
Le Code de la propriété intellectuelle du 1er juillet 1992 interdit en effet expressément la photocopie à usage collectif sans autorisation des ayants droit. Or, cette pratique s'est généralisée dans les établissements d'enseignement supérieur, provoquant une baisse brutale des achats de livres et de revues, au point que la possibilité même pour les auteurs de créer des œuvres nouvelles et de les faire éditer correctement est aujourd'hui menacée.
Nous rappelons donc que toute reproduction, partielle ou totale, de la présente publication est interdite sans autorisation de l'auteur, de son éditeur ou du Centre français d'exploitation du droit de copie (CFC, 20, rue des Grands-Augustins, 75006 Paris).

DANGER

LE PHOTOCOPILLAGE TUE LE LIVRE

© Dunod, 2016

11 rue Paul Bert, 92240 Malakoff
www.dunod.com

ISBN : 978-2-10-075454-0

Le Code de la propriété intellectuelle n'autorisant, aux termes de l'article L. 122-5, 2° et 3° a), d'une part, que les « copies ou reproductions strictement réservées à l'usage privé du copiste et non destinées à une utilisation collective » et, d'autre part, que les analyses et les courtes citations dans un but d'exemple et d'illustration, « toute représentation ou reproduction intégrale ou partielle faite sans le consentement de l'auteur ou de ses ayants droit ou ayants cause est illicite » (art. L. 122-4).
Cette représentation ou reproduction, par quelque procédé que ce soit, constituerait donc une contrefaçon sanctionnée par les articles L. 335-2 et suivants du Code de la propriété intellectuelle.

Sommaire

Introduction 1

1 Des vies au service de l'ubérisation................ 11

Les raisons de l'existence du service....................... 13
Marketing et êtres humains 18
Chiffres et concurrence.. 21
Les actes manqués.. 24
Perspectives du modèle 28
Les autres domaines.. 30
Ce que nous pouvons retenir de ce phénomène 32
Conclusion.. 36

2 Des vies ubérisées.. 39

Comprendre la disruption et le disrupteur 40
Le consommateur attendait ça ! 44
Les trois autruches... 47
La fin des rentes 51
Réagir ! 54
Conclusion.. 56

3 Le digital et la vision du monde 59

Que disent les DRH ? 61
Que disent les jeunes ? 62
Que disent les patrons du CAC ? 65
Que disent ceux qui œuvrent à des formes différentes du travail ? 76
Conclusion 84

4 L'ubérisation de notre modèle social 87

De plus en plus d'indépendants, peu pérennes 88
Le débat sur le salariat déguisé 92
Faire évoluer le droit 98
Le financement du modèle social 101
Quel dialogue social pour demain ? 105
Conclusion 107

5 L'économie du partage et la fin de la croissance 109

Les fondamentaux de la société 110
Pour choisir, il faut en avoir les moyens 113
À quoi ressemble cette économie collaborative ? 118
Conclusion 126

6 Comment ubérise-t-on à l'étranger ? 129

Un siècle numérique 130
Les pour, les contre, les inquiets 134
Conclusion 145

7 Digitalisation, algorithmes, robotisation : et l'humain, dans tout ça ? 147

Vitesse et précipitation 148
Automatisation, robots et autres algorithmes 152
Ubérisation et automatisation : pas le même combat 155
L'épineuse question de l'intelligence artificielle 159
Le transhumanisme : nouvelle frontière ou abîme possible ? 164
Conclusion 169

8 Ubérisation de la vie politique ? 171

Un phénomène de mode 173
Le compromis plutôt que l'adaptation 173
Bloquer pour gagner du temps 174
Une vision rare ou inexistante 177
La réflexion et la vision 178
La stimulation et l'anticipation 182
Le digital, progression de son champ de révolution 184
L'ubérisation de la politique est en marche 186

9 Et si c'était l'opportunité du siècle ? 191

La place de l'homme. Quel homme ? 193
Les perspectives de l'ubérisation « de base » 195
La notation et la rémunération 201
L'économie collaborative au chevet d'un monde malade 204
Et le blockchain ? 207

Conclusion 211

Technologie et humanité 213
Vide intellectuel et institutionnel 213
La France ? 215
Plus forts ensemble 218
Ailleurs dans le monde 219
Dématérialisation, usage contre propriété 222
L'entreprise, le capitalisme, oui mais lequel ? 229

Glossaire 232

Bibliographie 245

Introduction

L'ubérisation sera-t-elle notre meilleur ennemi ou notre pire ami ? Allons-nous assister à un tsunami qui va dévaster sur son passage la totalité des structures sociales, des modèles économiques, des cultures et des rapports de force prédominants ? Est-ce vraiment la révolution annoncée ?

Si l'on devait s'en tenir à la « simple » ubérisation, ce livre trouverait vite des limites importantes et se trouverait trop à l'étroit dans le carcan que les dictionnaires aimeraient lui imposer. Ce livre ira au-delà, afin d'embrasser dans son intégralité une véritable révolution, liée à la conjonction de facteurs convergents. Les technologies permettent à la fois de toucher la partie superficielle de notre vie, sa version apparente, ses applications, mais surtout d'aller bousculer en profondeur la définition de l'humanité du fait de l'arrivée, à une vitesse chaque jour accrue, de ruptures scientifiques majeures, d'interfaces homme/machine sans cesse améliorées, d'intelligence artificielle de plus en plus sophistiquée, d'automatisation et de robotisation, qui sont porteuses de paradis ou d'enfer. C'est pourquoi nous couvrirons la totalité de la problématique en nous posant quelques questions « existentielles » !

L'ubérisation d'abord. Ubérisation, économie collaborative, économie du partage, économie de pair à pair, *on demand economy*, plateformisation, disruption, barbares, freelancisation, *gig economy*... Ces termes, souvent anglophones, virevoltent dans l'air. Ils ont fait la Une des médias, et s'invitent dans de nombreuses actualités et enquêtes. Pas un journal qui ne fasse son article sur « les effets de l'ubérisation », « la régulation de l'économie du partage » ou encore « les grands leviers qui feront de nous des champions de l'économie collaborative ».

Cette nouvelle mode (est-elle simplement une mode ?) semble tout emporter sur son passage. Les acteurs traditionnels de l'économie en tremblent ; les start-ups s'en inspirent, les politiques s'interrogent, les économistes mesurent, doutent, prévoient, et se perdent en conjectures improbables sur le poids de ce marché à court ou moyen terme. Les syndicats hurlent à la concurrence déloyale contre ces barbares venus d'outre-Atlantique, quand la génération Y les plébiscite et use et abuse de leurs nouveaux services, si pratiques, si abordables, si transparents et si modernes...

Le terme « ubérisation » est ainsi devenu rapidement un néologisme fourre-tout, et il est important de distinguer, en quelques instants, ce qui fait la différence entre toutes les formes de l'économie du partage. Il est indispensable d'en décrire les leviers. Il est même urgent de faire la différence entre économie collaborative, économie du partage, *gig economy*, disruption, ubérisation et plateformisation.

Il est d'ailleurs intéressant de voir que le mot « ubériser » entre dans le dictionnaire (version 2017 du *Petit Robert*) sous cette définition : « Déstabiliser et transformer avec un modèle économique innovant tirant parti des nouvelles technologies ». Wikipédia, pour sa part, en donne une définition plus large : « L'ubérisation est un phénomène récent dans le domaine de l'économie consistant à l'utilisation de services permettant aux professionnels et aux clients de se mettre en contact direct, de manière quasi instantanée, grâce à l'utilisation des nouvelles technologies. La mutualisation de la gestion administrative et des infrastructures lourdes permet notamment de réduire le coût de revient de ce type de service ainsi que les poids des formalités pour les usagers. Les moyens technologiques permettant l'ubérisation sont la généralisation du haut débit, de l'internet mobile, des smartphones et de la géolocalisation. Elle s'inscrit de manière plus large dans le cadre de l'économie collaborative. »

Immédiatement, ce qui marque le lecteur est que l'on définit ce phénomène par les effets qu'il emporte plus que par les causes qui l'ont fait naître. Essayons d'aller plus loin !

Concernant les causes, les trois leviers qu'il nous semble indispensable d'identifier se nomment révolution

© Dunod. Toute reproduction non autorisée est un délit.

numérique, révolution de la consommation et révolution des modes de travail. Ces trois leviers arrivés à maturité et de façon concomitante donnent une puissance absolument inédite à cette nouvelle révolution de nos modèles économiques. Et c'est pourquoi nous pensons qu'elle ne relève pas de l'effet de mode mais bien d'une mutation profonde et durable.

La révolution numérique est le premier vecteur d'une transformation en profondeur de l'économie mondiale. Le caractère exponentiel de sa croissance et sa capacité à irriguer tous les secteurs de l'économie rendent ce vecteur tout à la fois puissant et incontournable. Cette évolution digitale s'appuie d'abord sur l'intégration de nouvelles technologies dans les entreprises traditionnelles, et prend le doux nom de « transformation numérique ». Elle est à l'œuvre depuis près de 30 ans, et en cela n'apporte rien de vraiment nouveau dans la réflexion actuelle. L'enjeu est tout simplement d'internaliser la création de valeur engendrée par les outils numériques, et il faut dire que la plupart des entreprises ont bien compris ce que la révolution numérique pouvait leur apporter. Mais cette évolution s'accompagne aussi de nouveaux modèles d'affaires et de partenariats, d'une forme de réorganisation voire de chamboulement complet des filières sectorielles, et d'un contournement des barrières à l'entrée construites par les acteurs historiques, remettant ainsi en cause la rente sur laquelle certains sont assis. Cela va avoir pour conséquences des effets disruptifs majeurs. Certains secteurs ont déjà eu à en subir les conséquences et sont « déroutés », pour reprendre l'expression utilisée par la BPI dans son étude sur le numérique[1]. L'innovation numérique passe aujourd'hui par la maîtrise des TIC, de l'internet des objets connectés, de l'intelligence artificielle, de la big data et enfin de la robotisation. Nous y reviendrons.

L'ubérisation est ensuite née sur un deuxième terreau de fond, **la révolution de la consommation**. L'économie collaborative repose sur des pratiques basées sur un système de confiance : ce sont les communautés qui transforment la façon dont nous vivons, travaillons et créons de la valeur. Ces pratiques sont bien évidemment renforcées par notre adhésion massive aux réseaux sociaux, qui poussent le consommateur à faire « communauté » et donc à mettre en commun des biens, des services, des avis, des expériences, des productions. Dans la logique d'économie collaborative, il n'y a pas forcément une logique lucrative pour celui qui partage son bien, sa place de voiture ou son conseil.

L'ubérisation repose enfin sur la **révolution des modes de travail**. Ainsi, c'est toujours sur une logique exclusivement lucrative, partagée par les trois acteurs, que se construit le modèle : le prestataire veut gagner sa vie en rendant un service au consommateur final, le consommateur veut le payer, et en passant par une plateforme qui se paye en commissions, mais qui garantit une expérience

1. « Le numérique déroutant », Bpifrance Le Lab, 19 février 2015.

© Dunod - Toute reproduction non autorisée est un délit.

de qualité (scoring du prestataire, réception du paiement du client, garantie de la bonne prestation, simplicité de commande de bout en bout, paiement garanti...).

Cette tendance est portée par des leviers profonds, non influencés par la mode ou l'opportunité immédiate. Ce nouveau modèle économique et social fait le cauchemar des marques traditionnelles, et est parfaitement représenté chez Uber, Airbnb, BlaBlaCar ou encore Etsy. L'inversion de la chaîne de valeur, ou du moins sa modification profonde est vue comme un discriminant assez marquant de cette nouvelle économie : la fabrication du bien ou la prestation du service n'est plus réalisée par les acteurs traditionnels, la phase de distribution est réalisée par les plateformes qui désintermédient le schéma classique (quand il existait des intermédiaires) ou qui s'intermédient dans la chaîne de valeur (quand le client allait sans intermédiaire chez le prestataire). Pas simple à appréhender, jamais totalement identique d'un secteur à l'autre, cette mutation économique fait peut, déstabilise et interroge.

L'impact ? Il n'est pas facile à évaluer dans la mesure où ce phénomène est très récent et en pleine ébullition ; de nombreux acteurs sont en train de naître, une partie d'entre eux finira par mourir, être rachetés ou se concentrer... Les impacts positifs sont nombreux : l'utilisation d'un actif non rentabilisé par exemple permet l'amortissement de ce bien (chambre, outil, siège de voiture, garage) ou de temps libre (jobbing, babysitting, multiservices, bricolage). La confiance s'invite dans le paysage tout en se garantissant notamment avec le scoring, élément central de mesure de la qualité du service rendu ou du bien vendu (ou prêté). La qualité de service s'en trouve tirée vers le haut. L'impact social aussi est important, car ces plateformes sont souvent des marchepieds efficaces pour les jeunes actifs des milieux défavorisés. En effet, pas de barrière forte à l'entrée pour devenir livreur, coursier, chauffeur ou encore « homme toutes mains ». Enfin, la création de valeur est indéniable : avec 300 000 lits disponibles en plus sur le territoire français, c'est autant de capacité hôtelière en plus et donc de tourisme supplémentaire, de croissance liée aux voyages, d'emplois induits, que notre pays peut espérer.

Pour autant, toute créatrice de valeur qu'elle soit, l'ubérisation est aussi destructrice d'emplois et source de profonde mutation. Les acteurs traditionnels estiment par exemple que leur métier est dévalorisé, puisque c'est désormais le prix et la notation qui priment dans le choix du client, plutôt que l'expérience du guide par exemple, la localisation d'un hôtel, la proximité d'une voie de taxis… Certains se plaignent de concurrence déloyale et en viennent parfois aux mains pour tenter de donner un coup d'arrêt fatal à ce phénomène. Les enjeux en matière d'emploi sont importants, pas tellement à cause de l'ubérisation d'ailleurs qu'à cause de la robotisation massive qu'elle sous-entend[1]. De nombreuses tâches

1. « Automatisation et travail indépendant dans une économie numérique », OCDE, mai 2016.

© Dunod ■ Toute reproduction non autorisée est un délit.

intermédiaires sont automatisées (exemple classique : l'opératrice d'une plateforme de réservation de taxis) et vont donc disparaître, quand les métiers très qualifiés (ingénierie, datamanagement, coding, gestion de communauté, juristes des nouvelles technologies) ou très peu qualifiés (coursier, bricoleur, services à la personne) ne vont cesser de croître, voire d'être inventés. Les débats sur ce point sont enflammés, opposant avec vigueur ceux qui croient à une « disruption destructrice » à l'œuvre[1] face à ceux qui disent que Schumpeter et sa théorie de la « destruction créatrice » sont encore d'actualité.

Il faut s'accorder sur un point : cette révolution vécue comme une menace par les entreprises traditionnelles est aussi une véritable opportunité. Les acteurs traditionnels ont de nombreux moyens de réagir :

- optimisation de leurs processus de vente et d'acquisition ;
- refonte de leur image (le client recherche de plus en plus une image de modernité) ;
- développement de nouvelles compétences notamment digitales ;
- repositionnement stratégique et de communication sur des niches, des secteurs de pointe, des acquis fondamentaux : pourquoi un hôtel ne proposerait-il pas, par exemple, de réaliser la prestation d'hôtellerie pour le particulier qui met sa villa en location

1. « La disruption destructrice à l'œuvre », Bruno Teboul, Revue *Constructif* n° 44, juin 2016.

pendant l'été ? Les femmes de chambre, le maître d'hôtel, le service de lavage et de repassage, sont des actifs que l'hôtel seul possède… ;

– intégration de nouveaux codes (scoring, géolocalisation, service plus rapide…) ;
– acquisition des acteurs émergents…

D'autre part, il leur faut prendre exemple en adoptant les mêmes métriques que les disrupteurs : focaliser sur la relation clients, capitaliser sur la qualité, mutualiser les ressources entre acteurs, faire participer le client final à l'élaboration du produit ou du service. Des théories faciles à exprimer mais plus complexes à mettre en œuvre chez des acteurs parfois ancestraux, souvent peu agiles.

Bref : les enjeux sont là, bien présents et désormais bien identifiables. Dans cet ouvrage à la fois concret et théorique, nous allons tenter de relever trois défis. D'abord, nous tenterons de vous expliquer comment fonctionnent ces modèles : lucratifs ou pas, rentables ou pas, innovants ou pas, monopolistiques ou pas… Ensuite, nous essaierons de vous faire toucher du doigt l'ensemble des enjeux posés par cette nouvelle forme d'économie : sociaux, fiscaux, éthiques, économiques… Enfin, et bien modestement, nous ferons quelques propositions de réformes ou d'évolutions, à la fois au niveau de l'État et au niveau des entreprises, pour que, face à cette vague que nous décrivons volontiers comme irrémédiable, notre société ne vole pas en éclats mais au contraire sache en prendre avantage.

© Dunod – Toute reproduction non autorisée est un délit.

1

Des vies au service de l'ubérisation

Interview vidéo

Emmanuelle Leneuf,
Fondatrice
de @Flashtweet

https://goo.gl/ON50qd

- Est-ce que le numérique, qui doit vendre une utopie, une vision, permettrait aux minorités discriminées de trouver leur place ?
- Le numérique conduit à une profusion d'informations, mais qui demande un tri, des explications, voire une formation. Le siècle numérique serait-il celui de la curation de contenu, de la formation *on demand* ?
- De votre observatoire quotidien, quels sont les principaux changements d'attitude que vous constatez chez vos followers ?

Pour parler de l'ubérisation, à tout seigneur tout honneur, commençons par analyser les commentaires de ceux « par qui le scandale est venu ». Uber et ses fameux VTC (véhicules de tourisme avec chauffeur), ces personnes qui sont mises en relation avec un client *via* une plateforme qui leur délègue les courses à réaliser. Dans un minimum de temps, et sous réserve d'un service de qualité, uniforme, dans une voiture, noire et propre. Cet élément est important. En effet, le chauffeur de VTC n'est plus le chauffeur de taxi « lambda » mais un chauffeur privé, dans une limousine noire, exploitant ainsi les codes du luxe, autant pour le chauffeur que pour le client. Le nombre de VTC a progressé de façon exponentielle depuis 2013[1], envahissant le monde de nouvelles voitures noires qui, comme à New York, arrivent en moyenne en moins de 3 minutes. Ce sont près de 62 754 VTC[2] qui arpentent les rues de Londres, et les taxis existent toujours. Revenons sur le passé récent, le présent agité et le futur de cette industrie.

---

1. Selon le rapport de l'Inspection générale des finances sur l'application de la loi Thévenoud en France, publié en février 2016, il y aurait 14 973 VTC fin 2015. Le nombre des conducteurs détenteurs d'une carte professionnelle est de 24 935.
2. Source : Department for Transport.

Le nombre de véhicules VTC à Londres

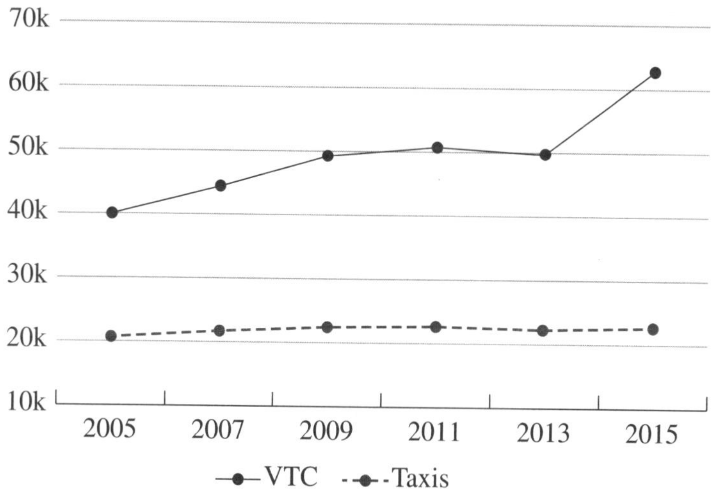

Source : Department for transport.

Les raisons de l'existence du service

Si les VTC existent, c'est grâce ou à cause des taxis parisiens. Tout le monde connaît désormais l'histoire de la création d'Uber, et de son fondateur Travis Kalanick totalement sidéré par la faible qualité des taxis parisiens à son arrivée à Roissy, mais surtout par le fait qu'ils soient « agglutinés » aux stations quand il fallait errer des heures dans les rues, parfois à 300 mètres pour en trouver un disponible. Il est rentré aux États-Unis et a décidé de créer

Uber. Nous devons donc cette brillante idée, valorisée à près de 65 milliards de dollars[1], à notre système de taxis français ! À leur organisation, à leur qualité de service, à leur cadre légal, à la structuration de leur marché.

Nous avons réussi en France à créer ces fameuses rentes, appuyées sur un monopole de droit et des barrières à l'entrée. Offertes à l'origine, les licences sont progressivement devenues payantes. Devant la volonté de continuer à protéger cette niche, le législateur s'est cru en devoir de définir les territoires de chaque baronnie : les VTC, les LOTI[2], les taxis, les ambulanciers, etc. Chacun sa place et l'État en gardien au pas de la porte. De son côté, le citoyen analyse bien que nous parlons toujours d'un individu qui conduit une voiture d'un point A à un point B. On aurait pu penser que ce même travail n'exige pas tant de régimes spécifiques, mais nos députés et gouvernements ont besoin d'occupation et de clients, eux aussi. Ils ont su trouver dans l'identique des raisons de faire de subtiles différences, marquées, pour mieux les sacraliser, par des niveaux de formation et de droits bien différenciés. Progressivement le chauffeur parisien, dont on peut comprendre la colère, se retrouve en concurrence sur un marché qu'il croyait avoir payé, comme on paie

1. Uber a levé 15 milliards de dollars depuis sa création en 2009, et sa valorisation est en juin 2016 de 68 milliards de dollars (source : *Financial Times*).
2. Loi n° 82-1153 du 30 décembre 1982, dite loi LOTI pour Loi d'Orientation des Transports Intérieurs.

« son maquereau, son racketeur ou son passeur ». Et la somme est coquette : près de 240 000 euros au maximum la licence pour la région parisienne !

Alors quand les VTC débarquent et s'installent sans payer de licence, de droit de passage comme dans l'ancien temps, les taxis voient rouge, ou plutôt voient « stripe » du fait de la couleur du drapeau d'origine d'Uber. Et à nouveau, on peut les comprendre. Chaque mois ils remboursent un lourd emprunt, font des heures folles et ne s'en sortent qu'en faisant – secret de polichinelle – une partie de leur profit « au noir », « au black » pour ne pas être trop imposés[1]. Le système les a poussés au crime, nous ne leur jetons pas la pierre : nous ne sommes pas là pour ça !

À Paris, la situation empire quand on analyse son fonctionnement. Les taxis G7 et les taxis bleus, qui appartiennent *in fine* aux mêmes actionnaires, se sont arrogé la rente de la rente. Ce sont eux qui depuis trente ans encaissent véritablement les raisins de ce qui est devenu la colère. Histoire d'amitié politique, André Rousselet, grand compagnon de route de Mitterrand, s'est assuré par divers aménagements, un règne sans partage sur cet empire. Le même Mitterrand lui confia également la création de Canal+, qui ne fit qu'accroître son pécule.

1. Lettre de la DGCCRF de septembre 2007 : pour 988 contrôles dans 43 départements, au cours du quatrième trimestre 2006.

78 procès-verbaux, 200 rappels de réglementation et 138 notifications d'information réglementaire ont été réalisés.

Mais Canal+ a donné au peuple Les Nuls, De Caune et Garcia. Nous avons eu le rire, la famille Rousselet en a touché les dividendes. Ces accords bananiers émaillent tous les pays du monde, rien de neuf sous ce soleil.

Leur magnifique yacht, souvent ancré à Saint Tropez, témoigne de la réussite de ce groupe qui cumule un taxi sur deux à Paris et 40 % du volume des courses[1]. Leurs filiales, qui louent des voitures, proposent des services de toute nature, refacturés assez cher aux chauffeurs de taxis, et leur assurent depuis trente ans une rente monopolistique de fait. Un monopole, ce n'est pas détenir 100 % du marché, c'est avoir de quoi le contrôler par la masse que l'on représente et n'avoir aucun concurrent de taille suffisamment organisé pour y résister. Dès lors, les patrons c'est G7. C'était G7 jusqu'à l'arrivée d'Uber, Le Cab, Chauffeur privé et Heetch. Tout à coup, l'attaque se produit par les prix – nombre de chauffeurs de taxi sont devenus d'ailleurs VTC –, la qualité de service, que G7 faisait payer au prix fort, et le modèle économique aussi.

Le système d'affectation des taxis est en effet très différent chez G7 de chez Uber. G7 essaie de faire travailler en premier ceux qui attendent depuis longtemps une course, sans considération pour leur proximité immédiate du client. C'est le désagrément quand le client réel n'est

1. Dominique Nora, « Derrière la grogne des taxis, le système Rousselet », 26 janvier 2016, enquête primée par le prix Erik Israelewicz.

pas celui qui paie la course, mais celui qui paie le service. Dès lors, le client final passe après dans la hiérarchie des priorités. Le taxi arrive avec des euros au compteur, qui tourne depuis qu'il quitte sa place, parfois en évitant le chemin le plus court. Le client final, à peine installé dans le taxi, démarre avec un compteur qui couvre parfois le prix de la course totale chez Uber ! Uber, lui, géolocalise et son service est centré sur le client final. Il doit être servi vite et de façon qualitative. La voiture arrive avec un compteur à zéro, qui démarre avec la course et pas avant. Ce n'est pas un problème pour le chauffeur, puisque de façon générale il est à proximité immédiate du client.

On voit donc la différence de modèle : l'un clientéliste par nature, tourné vers le politique et le chauffeur de taxi, l'autre totalement tourné vers le client. La notation vient compléter cette attention au client, puisque tout doit être fait pour que la satisfaction soit totale, le client notant sur 5 la qualité de la course et de façon obligatoire – il est impossible de passer une nouvelle commande sans noter la précédente et sans expliquer son éventuelle mauvaise note. Si l'on devait noter les taxis parisiens, une bonne partie serait au chômage depuis longtemps. Enfin, avec Uber, on peut avoir une idée du prix de la course, voire dans certains modèles nouveaux, la course est fixée à l'avance. Finie la mauvaise surprise, pour le touriste étranger ou le provincial, de se retrouver avec une course qui frise l'indécence !

C'est aussi la fin du *numerus clausus*, qui garantissait de ne jamais trouver de taxis aux heures de pointe pour être certain d'en trouver quand vous n'en aviez pas besoin, au gré de longues queues, excédant parfois trois heures aux aéroports ou sur certaines stations à succès.

C'est donc une révolution totale. Nous avons deux modèles opposés pour un même service et rien, *a priori*, pour les réconcilier. Mais on voit bien que le premier modèle, le modèle historique, a son avenir derrière lui et que personne ne voudra revenir en arrière. Il faut donc s'attacher à permettre la migration de l'un vers l'autre, en prenant en compte les intérêts de tous, et le lourd tribut que les taxis ont payé à leurs « maîtres ». On peut être libéral et accepter qu'on laisse se développer un nouveau marché par étapes progressives, afin de laisser un peu de temps à chacun pour s'adapter.

Marketing et êtres humains

L'autre force du modèle économique d'Uber, c'est d'avoir fait du chauffeur, un produit de luxe mis à la disposition du plus grand nombre. Le chauffeur en limousine, qui vous ouvre la porte, devant vos voisins médusés, morts de jalousie devant votre réussite sociale, c'est fini ! Les codes du luxe pour tous, c'est maintenant ! Vous et moi pouvons désormais, après quelques « clics » tactiles, obtenir ce chauffeur fantasmé, au pied de notre smartphone.

Mais la grande force de ce modèle, c'est aussi d'avoir valorisé le chauffeur lui-même. Il a une belle voiture, noire, signe de luxe, il porte un costume et une cravate. Il n'est pas un chauffeur de base, c'est un chauffeur privé. Lui-même devient une catégorie supérieure du conducteur de voiture, fier de son métier et de sa façon de le réaliser. Or, la majorité des chauffeurs de VTC sont d'origine maghrébine, souvent discriminés à l'embauche, désespérés de trouver un jour un emploi, coupés de tout dialogue avec toute personne n'appartenant pas à leur quartier, par un système de déterminisme social que les politiques n'ont pas su gérer.

Ils étaient majoritairement au chômage ou sous perfusion d'aides, voire sans aucune aide, depuis toujours. Pour eux, c'est une révolution sociale et professionnelle, un facteur d'intégration sociale, doublé du fait que l'univers du « luxe » dans lequel ils évoluent, facilite le dialogue entre citoyens de classes sociales différentes, qui avaient perdu tout contact et toute possibilité de dialogue. Un petit pas de dialogue, de 20 minutes en moyenne, mais un grand pas pour l'image que chacun se fait de l'autre. La civilité du rapport ainsi vécu est de nature à changer les regards et les préjugés, bien plus que toute loi sur la laïcité. Comme le dit si bien David Abiker[1], « Uber a permis aux David, aux Tony, aux Mohammed et consorts de s'appeler par leur prénom sans se connaître et de se distribuer des étoiles de bienveillance ».

La valorisation dans une société de consommation se réalisant par l'intégration professionnelle, et la hauteur

1. David Abiker, « Un Uber nommé Tony », *01net Magazine* n° 846, juin 2016, p. 106.

du positionnement dans la « chaîne alimentaire », cette population parvient enfin à pénétrer la société et il ne pourra qu'en sortir des effets bénéfiques. Nombre des chauffeurs interrogés considèrent ce job comme un tremplin vers un projet personnel ou la promesse d'un emploi meilleur. Cette activité revalorise également la notion de travail, car les chauffeurs travaillent dur, pour un chiffre d'affaires qui avant les attentats parisiens, pouvait atteindre 8 000 euros par mois, pour 10 heures quotidiennes, 5 jours sur 7. Ou 8 heures, mais 6 jours sur 7. Nombre d'entre eux sont jeunes et n'ont jamais travaillé auparavant. C'est la raison pour laquelle travailler à ce rythme leur paraît naturel, loin des poncifs des 35 heures, qui les font rire. Ils estiment qu'il faut avoir les moyens de cracher sur le travail et le salaire supplémentaires.

Ce modèle fonctionne donc également par la valeur qu'il donne à l'homme. Bien entendu, tout n'est pas parfait dans ce système, loin s'en faut, mais le seul bénéfice de remettre ou mettre les personnes en activité, en les sortant du chômage et souvent de formes de « ghettos » sociaux et professionnels mérite toute notre attention. Il reste à déterminer comment cette nouvelle économie peut créer de l'activité au lieu de créer de l'emploi, dans quelles conditions elle le fait et le cadre qu'il faut créer (ou pas) pour faire en sorte que cette large population puisse accéder au modèle social français, sans tuer le développement du numérique en France.

Chiffres et concurrence

Nous aimons nous faire peur et rendre anxiogènes les sujets de changement. Le sujet des VTC/Taxis est l'exemple même du « shérif fais-moi peur » que nombre de lobbies et résistances corporatistes aiment agiter devant le nez d'un législateur avide de voix et de réélection, afin de gagner du temps et de mettre le changement en « pause ».

Tout d'abord, le marché est visiblement sous-offreur. Tout Parisien qui cherche un taxi aux heures de pointe aura compris que son attente est telle que même le métro reste encore une solution de rechange acceptable malgré toutes ses tares. Pas de taxi le matin, le soir, le week-end. Tous les rapports récents ont unanimement dénoncé les ravages que perpétue le *numerus clausus* sur l'attente client. Il faut donc rapidement laisser le marché décider du niveau de taxis dont nous avons besoin, et ne plus laisser à des sociétés monopolistiques, le soin de décider ce qui est bon pour elles en priorité sur ce qui est bon pour nous.

Les taxis, avec l'aide dans l'obscurité des monopoles qui bénéficient de cette rente, refusent de faire évoluer le système et contre-attaquent avec toutes les armes dont ils disposent.

Les VTC sont devenus majoritaires dans les principales villes du monde comme Londres et New York.

En effet, on compte plus de 60 000 VTC à Londres et sa région, plus de 20 000 à New York et environ 12 000 en région parisienne[1]. Les taxis ne pointent pas au chômage depuis ! D'abord, parce qu'ils optimisent leur bénéfice au « noir », grâce à l'efficace et lancinante chanson de « Je croule sous les frais de mise en place de la CB, donc je ne la prends pas » (ce qui au final renvoie cette population qui travaille dur à l'étroitesse de son chiffre d'affaires et de ses revenus nets). Ensuite, parce que le service de taxi est encore le seul à pouvoir utiliser les voies réservées, les emplacements privatifs et le maraudage.

Alors certes, le taxi travaille de longues heures hebdomadaires et paie des redevances fortes à sa plateforme de référence, tout en payant des charges et un remboursement de licence assez élevés. Mais les chiffres communiqués sur le chiffre d'affaires des années 2014 et 2015 sont biaisés, de même que les marges réelles des taxis. Il ne suffit pas de prétendre que les VTC font chuter leur chiffre d'affaires, encore faut-il le démontrer. Outre le fait que personne ne connaît les vrais chiffres des taxis, c'est essentiellement, à Paris, les attentats qui ont été le facteur de la baisse de leur chiffre d'affaires et non l'arrivée des VTC. Avec un taux d'occupation hôtelière en chute libre et une baisse colossale du tourisme et des visites d'affaires, la profession a subi une perte importante d'activité.

1. « VTC, le secteur le plus dynamique pour les créations d'entreprise en 2014 », 27 janvier 2015, www.latribune.fr.

On a fait, en abusant des chiffres, acte de misérabilisme pour mieux accuser les VTC de tous les maux. Il manque encore des taxis à Paris et le marché peut largement absorber de nouveaux entrants.

Taxis : Paris moins bien loti

Partage des marchés entre taxis et voitures de remise (en nombre moyen de voyages par habitant et par an).

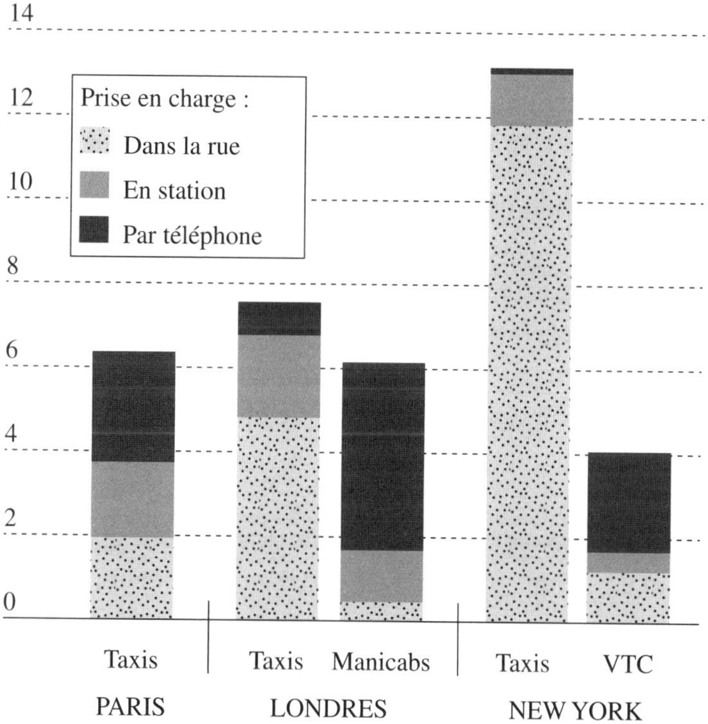

Source : Enquête IVM 2009, Richard Darbéra.

Les actes manqués

La réalité, c'est que le marché à valeur constante s'est accru. Et il aurait pu s'accroître encore si l'on n'avait supprimé, sans réfléchir, UberPop. Ce service méritait un peu de réflexion, de recul, d'encadrement. Il aurait pu générer pour des dizaines de milliers de personnes, en France, un complément de revenu qui leur manque cruellement. Surtout dans les centres urbains. UberPop ? C'était le marché de particuliers à particuliers, opéré par des salariés, qui souvent quittaient leur travail à 17 h pour faire trois ou quatre heures de courses afin de compléter des revenus trop limités pour vivre correctement à Paris.

On pouvait, de façon légitime, se poser la question de l'encadrement de cette activité : l'assurance professionnelle, la capacité à exercer ce métier, la qualité offerte, la fiscalité. Cela faisait manifestement trop de questions pour un législateur et des lobbies qui n'aiment pas les maux de tête ! Alors la réponse a été simple et rapide : on interdit. Fin de la partie. Rappelons-nous ces jeunes chauffeurs UberPop qui nous disaient lorsqu'ils nous conduisaient vers une radio et apprenaient que nous allions aborder le sujet UberPop : « Surtout défendez-nous ! Depuis qu'on a cela, on vit enfin décemment, il faut pas nous le voler ! » Comment ne pas avoir honte pour la France et pour eux, qui bossaient dur, pour s'en sortir, loin des clichés sur le RSA et la supposée fainéantise d'une génération qui souhaiterait être fonctionnaire, de voir que le débat a été réduit à sa plus simple expression. NON ! C'est non. Interdire au lieu de guérir et laisser à la pauvreté des gens courageux qui se donnaient du mal pour s'en sortir. Affirmant un peu plus, en leur enfonçant la tête sous le niveau de flottaison de la pauvreté, un déterminisme social affligeant.

Combien d'entre nous auraient le courage, après 8 heures de travail, de prendre leur voiture et de promener des clients au lieu d'être en famille, avec des amis ou devant un bon film, et ce, pour gagner ces 300 ou 400 euros qui font la différence entre la pauvreté et l'espoir ?

La prochaine cible de ce combat c'est bien sûr Heetch. Un service magnifique, principalement de jeunes pour les jeunes, qui fonctionne la nuit, et notamment le week-end, quand tout parent, inquiet pour ses enfants se voit rassuré de savoir que des jeunes, courageux, peuvent les ramener à leur domicile à coût réduit, sains et saufs après avoir consommé plus de vodka que d'Orangina. Ce service est devenu la bête noire des taxis mais aussi des VTC, qui ont décidé d'en faire la victime expiatoire de leur conflit.

Heetch c'est quoi ? Un service entre particuliers dans lequel un jeune (la plupart du temps) se met à disposition, à un prix suggéré et pas imposé, pour ramener chez elle, toute personne qui aime sortir la nuit. La plupart du temps, on parle d'un trajet de Paris vers la banlieue, y compris les quartiers les plus sensibles, que les taxis ne veulent souvent plus assurer, à un prix faible car le fonctionnement est pratiquement celui du covoiturage. Afin d'éviter que cela ne devienne une activité principale et de bien marquer leur volonté d'en faire une activité accessoire pour tous ceux qui fournissent ce service, Heetch bloque à 7000 euros par an les revenus du chauffeur, ce qui a été calculé pour couvrir les frais annuels moyens d'entretien d'une voiture. On parle donc d'un système de covoiturage, limité dans le temps et le revenu, finalement assez proche du modèle de Blablacar dont tout le monde se gargarise. Blablacar c'est bien, Heetch c'est le diable. Cherchez à comprendre. Heetch pourrait, si on lui en laissait le loisir, devenir la référence sur le marché et s'étendre en Europe, avec le soutien d'un actionnaire qui connaît bien l'automobile, puisqu'il s'agit de Mobivia (qui détient notamment Norauto et Midas). Le groupe a décidé d'investir sur ce concept, notamment pour sa fibre sociale et utile.

Bien entendu, il s'agit là aussi de bien poser le cadre, fiscal, social et le débat de la qualité et de l'assurance, donc de la protection de ceux qui conduisent au profit de ceux qui sont conduits. Mais une fois ce problème adressé et harmonisé, pourquoi vouloir sacrifier Heetch ? Personne ne comprend, sauf ceux qui se penchent sur la partie politique de la négociation, qui savent que dans tout compromis, il faut un « os à ronger », un fusible à faire sauter. Heetch doit avoir une tête de fusible !

Car derrière ce service, c'est la question de l'accroissement des revenus ou plutôt, en l'occurrence, de la réduction des frais des plus démunis qui se pose. On pourrait légitimement penser que l'État soit satisfait, au moment où il creuse toujours plus profondément ses déficits, de voir des services améliorer le pouvoir d'achat de ses citoyens, sans rien lui demander. On pourrait penser que le covoiturage soit une tendance intéressante pour un pays qui a voulu et a accueilli la COP21 et ses cohortes d'avions polluants pour faire converger à Paris des déclarations de bonnes intentions qui n'auront certainement que peu de lendemain. On pourrait penser que les chiffres de la mortalité liée à l'alcool au volant, chez les jeunes, rendent sympathique ce chauffeur sobre qui ramène nos enfants à bon port en toute sécurité. Mais on pense trop ! La logique ne l'emporte que rarement en politique.

Nous en venons à nous poser la question de savoir si l'État aime l'idée de rester le maître de la gestion de la rareté et de la pauvreté. Voir les citoyens français se responsabiliser est analysé comme la perte de légitimité de sa présence prédominante, et laisser penser les Français que moins d'État est possible ne semble pas dans les plans de nos gouvernants. Alors Heetch, certainement, pourra mourir dans l'indifférence générale. Nous aurons perdu une occasion de plus d'enrichir et de protéger nos concitoyens et une opportunité de plus d'avoir un champion français du numérique.

Au final, tous ces clients qui utilisaient UberPop ou Heetch ne sont pas les clients des taxis. Ils n'en ont pas les moyens. Ils ont remplacé un bus bondé ou un métro (qui reste l'endroit le plus pollué de Paris) par un chauffeur et ainsi accru le marché. Ces services ont bien accru le marché au lieu de le partager entre plus d'acteurs « *low cost* » comme le prétendent les acteurs du transport de personnes. À l'heure où la croissance est en panne, ces éléments, qui ne sont d'ailleurs pas mesurés dans le calcul du PIB, pourraient contribuer au rebond de notre économie fatiguée. Et permettre de redresser des courbes que l'on aime plus « arrondies ».

Des personnes plus responsables, travailleuses, pour des revenus accrus, des coûts diminués *via* un service assez solidaire, dans un cadre défini et rassurant, que le législateur et les acteurs auraient pu définir ensemble. Voilà ce dont nous nous sommes privés. Une fois de plus.

Perspectives du modèle

Tout est possible et ouvert dans ce monde sans frontière. Ce qui peut être une opportunité, une innovation et un progrès un jour, peut être détruit par une autre innovation le lendemain, dans un temps incroyablement réduit. Le modèle des VTC pourrait disparaître en moins de 5 ou 10 ans, si l'on autorise et développe les voitures sans chauffeur, dites autonomes. C'est déjà en cours d'expérimentation en Corée du Sud. Dans ce cas, ces milliers de travailleurs pourraient disparaître aussi rapidement qu'ils sont apparus. Ce serait assez dramatique. Personne ne sait dire si ce sera une réalité forte et unique et à quel terme.

Pour que les pays du monde entier acceptent la voiture sans chauffeur, il va falloir du temps…

Notamment parce que la voiture reste culturellement l'apanage d'une forme de pouvoir et de propriété, et le marqueur social d'une génération qui reste majoritaire dans les sociétés développées. Bien malin qui pourra dire à quelle vitesse ces technologies, combinées à l'effacement de la notion de propriété au profit de l'usage, ou encore de celle de la production au profit du respect de l'environnement, pourront se propager. Sans parler des problèmes d'assurance, à ce jour insolubles, ou des problèmes de fonctionnement quotidien, qui promettent quelques casse-tête assez intéressants. Mais on imagine qu'avant 30 ans ce sera une réalité au moins partielle.

Dès lors, ces modèles, qui permettront à des millions de personnes dans le monde de trouver une activité, pourraient décliner et devront être remplacés par d'autres. C'est l'éternelle histoire de la destruction éventuellement créatrice. On pourra se poser, dans d'autres pages de ce livre, la même question pour la livraison. Est-ce que tous ces travailleurs, qui livrent ce que la société du numérique consomme, pourront encore exister à l'heure des drones ? Ces petits engins volants vont-ils nous voler des centaines de milliers d'emplois, principaux ou accessoires ?

Dans les deux cas on imagine mal à court terme le ciel envahi par des objets assez incontrôlés et des voitures exclusivement sans chauffeur. Deux questions posées par l'assureur d'une énorme flotte de véhicules, lors de l'une de nos conférences, étaient intéressantes de ce point de vue :

- Qui devient l'assureur d'un véhicule sans chauffeur ? Son occupant, qui ne contrôle plus rien ? Le fournisseur du logiciel qui le guide ? Le fabricant du véhicule ?
- Si un véhicule, contrairement à un homme, apprend à respecter à la lettre le Code de la route, et qu'un feu rouge est en panne, la voiture qui ne reconnaît pas de feu vert et refuse de démarrer ne pourrait-elle pas, en moins de 20 minutes, bloquer toute la circulation ? Car le véhicule refusera de transgresser la loi, le Code de la route, et refusera de démarrer !

La réflexion que faisait Arnaud Montebourg, lors d'une conversation sur le sujet, et que d'autres politiques pointaient également, consistait à dire que les politiques, devant des innovations qui pourraient conduire à un cataclysme social pour ces millions de personnes au revenu modeste, auront certainement le réflexe d'interdire ou de limiter les usages « sans hommes », quelle que soit la tentation légitime de la facilité.

Les autres domaines

Si le VTC a cristallisé toutes les attentions, l'ubérisation touche tous les secteurs. L'éducation, la santé, la création graphique, le droit… La liste serait trop longue pour la dresser ici. Même la livraison de ciment a fait l'objet d'une attaque en règle d'ubérisateurs du ciment !

Nous avons vu apparaître ces acteurs et nous en voyons tous les jours. Le droit a vu apparaître Legalstart ou DemanderJustice.com, sur le modèle américain. Les prestations intellectuelles ont vu arriver Kang, qui compte déjà plus de 300 000 clients et 2 000 prestataires, et bien sûr Hopwork, Codeur, Textmaster… Depuis, BeeBoss, SosJober, Genii, et d'autres plateformes sont arrivées sur le marché du petit service et du bricolage. Livraison avec Stuart, logement avec Airbnb, stockage, déménagement, restauration, guides touristiques, rénovation du bâtiment… La formation a vu les incursions de Thierry Marx pour un apprentissage plus court et encadré dans un projet de vie professionnel, motivant, ou l'École 42, école sans professeurs, financée par Xavier Niel. Mais aussi les MOOC de Stanford, les cours de Lynda ou les millions de vidéos sur YouTube ou DailyMotion. Les coiffeurs et masseurs, entre autres, ont en France Popmyday, alors que les discounters avaient déjà Zensoon notamment, toutes menées par des entrepreneuses entreprenantes. La santé voit arriver l'ère de la télémédecine, avec notre champion national, H4D. Comme vous le voyez, la liste est longue…

Ce que nous pouvons retenir de ce phénomène

L'ubérisation crée une « poche » d'activités, qui remplace des emplois. Certains y voient leur premier accès à l'emploi – c'est le cas des VTC. Certains y voient un moyen de refuser un système qui ne leur convient pas (voyez comme il est difficile de persuader un étudiant de l'École 42 d'intégrer un grand groupe). On parle de la création de centaines de milliers d'activités, qui permettent à leur titulaire de travailler, d'avoir un revenu, une liberté, une maîtrise de leur force de travail et dans certains cas, de leurs revenus et de leur taux horaires, qu'ils n'auraient jamais eu en tant que salarié. Il y a donc un véritable phénomène qui permet d'accéder à un emploi choisi, dans des conditions choisies, à un salaire qui varie avec la quantité de travail fourni. En clair, ils font à eux seuls ce que la Loi El Khomri souhaitait faire pour les salariés : instaurer une discussion entre les partenaires, employeurs et employés, sans intermédiaire, des conditions de leur relation. Intéressant, car on n'a pas la sensation que ces centaines de milliers de personnes le vivent comme une régression sociale et une atteinte à un siècle de combat syndical, comme nous l'avons souvent entendu, dans un débat télévisé assis ou lors d'une nuit debout.

La majorité des chauffeurs de VTC, s'ils se voyaient proposer un CDI, le refuseraient ! Contre toute attente, à l'heure où chacun souhaite sacraliser le CDI et en faire l'alpha et l'oméga de la protection sociale et des acquis du même nom, entraînant des milliers d'étudiants et de syndicalistes en promenade dans nos rues, on voit apparaître une génération «plus jamais de CDI». On assiste à l'arrivée d'une génération «libérée» qui préfère s'auto-exploiter (si on veut vraiment la caricaturer et la présenter de façon négative) que d'être exploitée par des lois, des conventions, des négociations, auxquelles elle n'a pas participé et qu'elle ne reconnaît pas comme légitimes, car collectives alors qu'elle choisit un destin individuel. Une génération qui préfère s'auto-exploiter, que de subir une hiérarchie professionnelle, sur laquelle elle n'a pas plus de prise.

Le système de notation et de transparence permet de lutter contre le dumping social, comme celui qu'Amazon a tenté d'imposer aux États-Unis en poussant à des salaires horaires toujours plus bas, ou encore TaskRabbit qui se basait même à l'origine sur des enchères inversées. La notation permet de mettre en avant la compétence et l'excellence, et de la rémunérer, permettant ainsi à celui ou celle qui fournit un service irréprochable de progressivement augmenter ses prix et donc d'accroître ses revenus. Nous pouvons alors échapper à la dictature du prix toujours plus bas et au contraire, montrer que la qualité a un prix. C'est ainsi que des plateformes comme Linguéo, de formation aux langues sur internet, permettent aux professeurs les mieux notés d'augmenter leurs prix librement. Les parents motivés par la réussite de cette formation essentielle pour leurs enfants, à l'heure de la mondialisation totale, vont naturellement choisir la sécurité et prendre le professeur orné de 5 étoiles et accepter de le payer plus cher qu'un professeur à domicile. Car la note devient synonyme de réussite pour leur enfant.

Ce phénomène est important pour les jeunes. En effet, la compétence n'est plus liée à l'âge, mais au mérite reconnu. Pierre Corneille fait dire à Rodrigue, dans *Le Cid* : « Je suis jeune, il est vrai ; mais aux âmes bien nées, la valeur n'attend point le nombre des années ». Quatre siècles plus tard, le lourd handicap de l'âge pour démarrer une activité professionnelle s'efface grâce à internet. Un jeune peut faire preuve de sa compétence grâce à la notation, aux recommandations, aux témoignages digitaux déposés sur son profil par ses clients satisfaits. Il pourrait même y avoir une courbe de progression plus forte et plus rapide que s'il avait dû passer par les longues et crispantes étapes du parcours en entreprise. Enfin, au lieu de dépendre d'un seul employeur, il va en multiplier le nombre simultanément, gagnant un peu plus de liberté, répartissant son risque, capitalisant sur de multiples expériences, face à un modèle de salariat qui souhaite forcer un équilibre impossible entre un employeur unique et son salarié.

Il faut en effet rappeler qu'une entreprise ne se crée pas pour embaucher, mais que l'emploi est la conséquence et la contrepartie de la réussite d'un projet. Dès lors, imposer l'emploi n'a pas de sens, car l'entreprise ne doit rien au salarié, pas plus que le salarié à l'entreprise. Ce mariage obligatoire qui arrange politiques et syndicats est bien souvent un mariage forcé. Les jeunes auto-entrepreneurs et les utilisateurs de plateformes l'ont bien compris et capitalisent sur leur multi-employabilité afin de réussir leur vie professionnelle. La génération des *slashers* est née. Et le phénomène n'a rien d'anecdotique : il concernerait 4,5 millions de personnes en France, soit 16 % de la population active[1] ! Il y a donc fort à parier que le modèle de l'indépendant se développe au détriment du salariat.

Ce qui ne veut pas dire que cela entraîne la fin du salariat et la fin d'une réflexion sur le socle de solidarité, qui doit nous unir, car une société pour avoir une dynamique doit être rendue, au moins partiellement, interdépendante. Il faut réfléchir à la santé, au chômage, à l'éducation, à la retraite, mais autrement.

Il y a donc fort à parier que l'incertitude face à l'emploi et l'incapacité perçue des politiques, des gouvernements et de leurs relais de type Pôle Emploi, vont pousser une génération entière vers l'indépendance. C'est la principale leçon de l'ubérisation. L'explosion potentielle d'un modèle, pour une nouvelle construction intellectuelle, un modèle de vie ensemble, totalement réinventé sous

1. « Slashers ou pluri-actifs… Qui sont ces nouveaux (et futurs) entrepreneurs ? », Étude menée par le Salon des micro-entreprises, août 2015.

la pression de la nécessité et du retour à l'autodétermination, à la gestion individuelle du destin personnel et professionnel.

Attendons encore quelques années, afin de voir si cette prophétie se réalise. Mais une chose est certaine : l'évolution des équilibres entre employés, employeurs et auto-employeurs imposera de modifier, revoir, réécrire, réinventer, un statut de l'actif, qui s'appliquera facilement à tous.

Conclusion

Il est difficile, ce n'est rien de le dire, de tout prévoir. Ce serait même triste de le pouvoir. À quoi sert de vivre un livre déjà écrit ? Surtout s'il est écrit par d'autres. L'enjeu est donc de l'écrire nous-mêmes. Les évolutions technologiques, si elles sont créatrices d'une richesse mieux partagée, trouveront un écho dans la société. Si elles tuent la place de l'homme et ne sont que destructrices et génératrices de déséquilibres, elles trouveront en face d'elles la société civile et les politiques associés. Ainsi, même si certaines activités ont créé un appel d'air et une trace d'espoir, il est primordial de réfléchir au sens réel du mot « progrès » et à l'intérêt collectif de l'innovation.

Le cas de tous les métiers ne peut pas faire l'objet d'une généralisation. *A priori*, un robot masseur ou coiffeur mettra du temps à s'imposer, alors que le livreur ou le chauffeur peut nourrir des inquiétudes plus légitimes.

Cela impose que la loi se réinvente et son « géniteur » aussi – le législateur, le politique et son bras armé, l'administration. Il devra penser à fixer, imposer des valeurs, impossibles à renier, et laisser la vie faire le reste. Il faudra observer avec la capacité de rectifier le tir pour prendre en compte les innovations et changements lourds et enfin, prévoir qui contrôle, répare et sanctionne les dérives. Cela signifie que la loi renonce à régir tout contenu, pour être un contenant, un sens, ce que nous appelons « l'esprit de la loi », et que nous nous soumettions à ce « Saint-Esprit » ! Des tables de la loi, des valeurs guides et non plus un chaperon pour guider chaque geste.

Cela ne se fera en aucun cas au détriment des plus faibles, puisque tout sera guidé par des valeurs comme le partage, la préservation de l'humanité et le respect des plus faibles. Rien de plus n'est nécessaire au fonctionnement du système. Et en tout état de cause, la loi n'ira jamais aussi vite que la société. Il est donc plus sage de bâtir un cadre, fondé sur des valeurs immuables, que des provisions légales qui passeront leur temps à courir après une réalité trop rapide.

2

Des vies ubérisées

Interview vidéo

Morgane L'Hostis,
Co-fondatrice
de Popmyday

https://goo.gl/ewruzY

- Vous présentez Popmyday comme « le Uber de la beauté ». Selon vous, pourquoi y a-t-il cette envie ou ce besoin d'indépendance de la part des acteurs dans votre domaine ?
- Pourquoi les opérateurs de votre système le choisissent-ils ? Quel est votre sentiment sur leur choix entre CDI, statut indépendant ou auto-entrepreneur ?
- Comment l'ancienne et la nouvelle économie de votre secteur peuvent-elles se réconcilier ou coopérer ?

Comprendre la disruption et le disrupteur

Avocat, chauffeur de taxi, banquier, restaurateur, hôtelier, artisan du bâtiment, coiffeur : ils sont désormais des milliers à se demander où et quand leur métier sera ubérisé ! Des milliers à se dire que la technologie, les plateformes numériques, les smartphones et le Web auront raison d'eux, de leur métier pourtant séculaire, de leur savoir-faire reconnu, de leur clientèle fidèle… C'est la catastrophe, c'est un ouragan sans limite qui s'abat sur leur activité, leur filière, leur secteur. Bref : la révolution numérique s'est fait jour !

D'où vient la « disruption » qui leur fait si peur ? Pour bien la comprendre, posons ces principes : elle tient davantage du modèle économique que de l'innovation technologique. En effet, il n'est pas nécessaire d'innover technologiquement pour dérouter un marché. Il est en revanche indispensable de proposer une innovation dans la chaîne de valeur. Le « disrupteur » classique est en fait celui qui attaque un marché aux situations établies et le bouleverse avec une proposition de valeur inédite, attendue par le consommateur souvent déçu par l'offre existante. Le cas d'Uber est particulièrement éclairant : face à un service peu agréable, à des chauffeurs parfois discourtois, à des disponibilités très variables, l'acteur qui arrive n'a pas forcément besoin d'innover technologiquement ! Il peut tout simplement focaliser son discours sur le service (belles voitures, chauffeurs en costume, eau fraîche à volonté et musique au choix), et la conquête des clients n'est plus qu'une formalité. Certes, il optimise la réservation *via* une application mobile, mais là encore, un peu de précision s'impose. Ce n'est pas simplement l'application mobile qui est mise en place, c'est tout un système de gestion de la flotte des chauffeurs qui, parce qu'il est industrialisé, va capter une partie des marges opérationnelles et donc des bénéfices du secteur. Rien de plus coûteux que de gérer 17 000 chauffeurs de façon manuelle ! Mais rien n'est plus rentable dès lors qu'ils sont gérés de façon industrialisée, sur un système où chacun se connecte, accepte ou refuse une course, est géolocalisé, noté, retrouve ses indicateurs précis et le montant de ses honoraires.

Avec beaucoup d'intuition, voire une dose d'irrationnel, le disrupteur va flairer, assembler, développer, combiner astucieusement des technologies et trouver le moyen de répondre à une demande qui ne pouvait s'exprimer spontanément, le plus souvent faute d'accès direct aux producteurs, ou à cause de l'existence de barrières réglementaires. Il développe alors un système cohérent qui pourra se déployer rapidement à l'échelle mondiale. Il s'agit là d'un point très important des modèles d'ubérisation. Les briques posées par les start-ups sont des briques génériques, natives, transverses, sans frontière ni autre forme de limitation. Une plateforme américaine, française, anglaise, allemande peut fonctionner partout dans le monde, dès lors qu'elle est traduite, puisque les fonctionnalités de mise en relation sont toujours identiques, et ce sont ces fonctionnalités-là qui font toute la richesse du modèle.

Le disrupteur crée, impose, ébranle et transforme un marché. Il déroute, affole, terrorise, voire prend l'image d'un barbare. Ce terme a été popularisé par Nicolas Colin et ses fameux cycles de conférences de The Family : « Les barbares attaquent »[1]. L'idée est que face aux entreprises en place, des nouveaux entrants vont arriver, faire pression sur les marges, comme des barbares face à l'Empire romain. Les start-ups transforment en profondeur et à toute vitesse l'ensemble des filières de l'économie… mais les acteurs traditionnels ne comprennent pas leurs stratégies et leurs motivations, ne voyant que les bouleversements structurels qui déferlent ou vont déferler… Alerte, les barbares sont à nos portes !

Il faut dire que les acteurs traditionnels n'y sont pas pour rien dans cette image dégradée, l'idéal pour eux étant d'en faire un épouvantail absolu, plus facile à abattre ! Le processus de transformation du marché qu'ils amorcent ne vient pas avec un meilleur produit (ça, c'est le rôle de l'innovation pure, de la technologie au sens propre), mais en l'ouvrant au plus grand nombre, en le démocratisant. Ce qui explique d'ailleurs pourquoi ces start-ups investissent des sommes conséquentes en marketing pour pousser la marque, et en faire LA marque de référence. Les fondateurs de Google ou

1. « Les barbares attaquent », barbares.thefamily.co.

d'Amazon n'ont pas eu besoin de beaucoup de capital pour se lancer et ils ne se sont donc pas préoccupé en premier lieu de leur rentabilité, mais du développement des opportunités de business. Cela leur a permis de devenir en très peu de temps des acteurs dominants. Booking a eu besoin de plus de capital, et dépense ainsi près de 2,8 milliards de dollars (2015) pour imposer sa marque, quand Expédia, son grand concurrent, en dépense 3,4[1].

Dans ce processus, le numérique permet donc aux nouveaux entrants de capter facilement du chiffre d'affaires au sein des chaînes de valeur traditionnelles. Avec l'aide des nouvelles technologies, il y a de plus en plus de place pour les disrupteurs. Partout où il existe des activités que l'on peut dématérialiser et « ré-intermédier », il y a de la place pour de nouveaux modèles économiques. C'est notamment le cas des marchés protégés par des réglementations (barrières à l'entrée dans la profession de taxi par exemple) ou caractérisés par l'existence d'asymétries d'information entre les producteurs et les consommateurs finaux. Ainsi dans le secteur de l'hôtellerie, avant internet, seule l'agence de voyage connaissait réellement la qualité des offres hôtelières, le client devant lui faire confiance pour faire son choix de réservation. Et pire encore : personne ne connaissait vraiment la disponibilité d'une chambre d'hôtel, ce qui nous paraît absolument impensable aujourd'hui.

1. « Le circuit court de la réservation en direct », Fairbooking, automne 2015.

C'est aussi grâce aux formidables opportunités qu'offre ce « nouveau terrain de jeu » du numérique et au-delà, de l'innovation disruptive, que des entrepreneurs en France sont présents sur les marchés digitaux et innovants. Ils sont de plus en plus reconnus et peuvent prétendre jouer dans la cour des grands : Criteo, Blablacar, Deezer, Withings en sont des exemples, trop rares certes. Mais le potentiel d'émergence de nouvelles entreprises de ce type est encore très important.

Le consommateur attendait ça !

Le spectaculaire développement de cette plateformisation en France ne reflète pas seulement l'efficacité d'un modèle économique, tout brillant soit-il. Nous pensons qu'il traduit également les évolutions sociales qui sont à l'œuvre depuis plusieurs décennies dans l'Hexagone, en matière de tendances de consommation.

Première tendance forte : les Français sont de plus en plus impatients, et l'impatience appelle la rapidité, la simplicité, la fluidité. Les témoignages sont clairs : le succès de ces applications repose d'abord et avant tout sur l'ergonomie, l'intuitivité. Trop long à installer ? Vous avez perdu ! Trop complexe à comprendre ? Vous avez perdu ! Les Français ont l'obsession du temps perdu, de l'immédiateté, de l'instantanéité ! Qu'on leur simplifie le quotidien ! Qu'on leur fasse gagner du temps ! 70 % des

Français déclarent rechercher « tous les moyens » de se faciliter la vie[1]. C'est une société de plus en plus impatiente qui émerge aujourd'hui, et les plateformes veulent combler cet appétit de vitesse qui nous oppresse.

Deuxième axe important : les consommateurs exigent de la transparence ! En insistant sur le service, la qualité, le confort, le prix fixe et garanti à l'avance, les plateformes répondent aux attentes de certains usagers. L'attachement à la transparence va d'ailleurs souvent de pair avec l'attachement au respect, au besoin d'être considéré, écouté ou estimé dans la vie quotidienne. Nous y reviendrons, mais la transparence exigée en politique, en économie, dans l'entreprise s'impose comme une bonne pratique des plateformes et, par un effet assez imprévisible, vient de fait rogner les marges des acteurs traditionnels qui le seraient moins.

Ensuite, les Français sont dans un état d'esprit où le contournement des règles est perçu comme une valeur positive : « Défiez-vous de l'autorité, du pouvoir sous toutes ses formes, des règlements et des lois, car seules les petites combines et les pistons fonctionnent dans notre pays ». Les usagers décomplexés et persuadés qu'il faudra moins respecter les règles à l'avenir acceptent ainsi de consommer sur des plateformes qui contournent sciemment et ouvertement les règles ! CQFD !

---

1. Observatoire SocioVision, « La société française au miroir d'Uber », septembre 2015.

Quatrième levier absolument nouveau : les Français cherchent de la confiance. Plus on peut leur garantir la confiance, plus ils seront satisfaits. L'économie digitale a su transformer une faiblesse de départ (le fait de passer commande à distance sans voir le commerçant) en une force indéniable. Le scoring ou le ranking, la notation et l'évaluation sur les plateformes sont devenus centraux dans le modèle et ils viennent garantir de la confiance. Qui peut m'apporter une garantie plus forte que ces 50 notes collectées à propos d'un restaurant, d'un hôtel, d'une babysitter ou d'un artisan ?

Autre levier de poids : les Français recherchent les circuits courts et des modes de consommation plus responsables. Se passer d'intermédiaire est de plus en plus prisé, que ce soit pour payer moins cher, pour des raisons de confiance, pour des raisons d'écologie. Plus l'achat est direct, plus on supprime le flou entretenu par les intermédiaires et plus on augmente le sentiment de transparence de la transaction, et on retrouve notre deuxième levier !

Sixième et dernier levier de consommation : les Français ont de plus en plus envie de se mettre à leur compte. Le nombre de citoyens qui se verraient monter leur boite est en hausse depuis les années 1990, et explose depuis l'arrivée du régime auto-entrepreneur (devenu micro-entrepreneur). Les mentalités ont évolué drastiquement à compter du moment où il est devenu simple de créer, que ce soit pour disposer d'une source de revenus supplémentaires ou pour se lancer dans la vie.

La consommation ainsi décrite porte en elle le germe d'une acceptation forte de modèles économiques nouveaux car, comme le dit l'adage, « le client est roi ». Il choisira donc ces modèles, au grand dam des acteurs traditionnels qui vont devoir se remettre en cause.

Les trois autruches

Pour éviter de se remettre en cause, il existe une solution simple et efficace : faire l'autruche et mettre sa tête dans le sable. En voici trois couramment imitées par les acteurs traditionnels.

L'autruche de la proximité

Souvent, la relation de confiance et de voisinage entre l'entrepreneur et sa clientèle crée l'impression d'une proximité protectrice, qui prémunit son activité d'une pénétration par le numérique. Hélas ! L'expérience prouve sans cesse que cette relation de proximité n'est, en aucun cas, une garantie. Pourquoi ? Tout simplement parce que les consommateurs sont prêts à rapidement évoluer vers d'autres offres si celles-ci s'avèrent plus pratiques et avantageuses. Le lien que l'on voudrait indéfectible entre le client et le commerçant est très largement une chimère ; les commerces de location de DVD, affaiblis par l'essor de la VOD et du téléchargement, peuvent témoigner de cette fragilité. De la même façon, les libraires, qui ont pourtant un rôle de conseil particulièrement précieux, n'ont pas davantage été immunisés contre l'irruption numérique et la force de frappe d'Amazon qui propose, pour un prix identique, une livraison à domicile fiable et rapide à partir d'une offre catalogue sans commune mesure avec celle que vous trouvez chez votre libraire du coin de la rue (il est vrai aussi que la librairie agit avec une logique d'offre quand Amazon le fait avec une logique de demande). Et c'est pourquoi de nombreux clients ont fini par privilégier l'achat en ligne, tout en continuant à flâner dans les librairies pendant leur temps libre pour se faire une idée et découvrir de nouveaux titres. C'est l'ultime coup de grâce pour les libraires qui assument les coûts de structure, de stock, de masse salariale de leurs magnifiques magasins, qui accueillent encore beaucoup de visiteurs, mais vendent de moins en moins de livres…

L'histoire se répète souvent : l'argument de la proximité était déjà évoqué par ces mêmes commerçants de quartier lors de l'émergence de la grande distribution. « Non, la grande surface ne me concurrencera pas, car elle est éloignée, peu pratique avec ses parkings immenses et ses allées interminables. Sans parler des produits de mauvaise qualité qui ne vont pas manquer de décevoir le consommateur. » Mais rien de ceci ne s'est produit. Les consommateurs y ont trouvé ce qu'ils cherchaient : un parking pour se garer, un seul déplacement pour toutes les denrées utiles, et de qualité… Les rideaux des petits commerçants traditionnels de centre-ville se sont fermés, à l'exception encore une fois de ceux qui ont su miser sur le service, la qualité, la fidélité, les horaires d'ouverture larges…

L'autruche de la protection réglementaire

Hélas, elle ne tient pas face à la pression des consommateurs si l'offre proposée par le numérique leur facilite la vie. Ce constat est d'autant plus vrai que le numérique génère de forts effets cliquet : dès que l'utilisateur s'est habitué à un service dématérialisé, constamment disponible et souvent facile à manipuler, il devient illusoire de croire qu'il sera possible de le faire revenir à une solution moins confortable pour lui ! Car rares sont les consommateurs qui pensent d'abord à préserver les intérêts supposés des acteurs du secteur, dont ils ont peu conscience, qui plus est si ces acteurs commencent à avoir mauvaise presse.

C'est ainsi que, de proche en proche, les réglementations protectrices régissant un secteur sont condamnées à s'effriter, puis à disparaître. Certes, leurs ambitions initiales sont de protéger le consommateur et d'interdire les pratiques dangereuses. Mais ces considérations sont sacrifiées, parfois trop vite, sur l'autel des avancées numériques et de la simplicité. Le consommateur n'en a pas toujours conscience, et quand il en a conscience, relativise souvent ce sujet en arguant que « pour conduire, il faut le permis et une assurance », et que ces normes et autres contraintes n'ont jamais empêché les accidents, même du temps béni où elles étaient respectées.

Quant au décideur politique, il est rapidement coincé entre vouloir préserver l'existant (et être accusé de servir la soupe aux corporations qui défendent leurs intérêts) et vouloir pousser le progrès technique (et être accusé de libéralisme à outrance). L'exercice est d'autant plus difficile que les tentatives françaises de réglementation sont plutôt des fiascos : la récente loi dite « Anti-Amazon » interdisant de cumuler la remise de 5 % sur le prix des livres et les frais de port gratuits a été contournée en facturant des frais de port à 1 centime d'euro. La tentative de réglementation au travers de la loi Thévenoud avec retour obligatoire des VTC à la base entre chaque course a subi le même effet.

L'autruche de l'offre non délocalisable

Le fait d'être dans des services de taille réduite, avec un ressort géographique circonscrit et un potentiel de développement limité, serait la raison pour laquelle un secteur serait protégé. Effectivement, cet état de fait peut donner l'illusion d'être protégé, à l'abri. Là encore, ce raisonnement ne peut pas tenir. Le secteur de l'hôtellerie, secteur par essence non-délocalisable, le prouve ! On l'a vu, les plateformes de réservation ont su s'accaparer une partie significative de la valeur, sans que les hôteliers ne voient augmenter ni leur fréquentation (le taux d'occupation est resté stable), ni leur chiffre d'affaires. Booking.com est devenue la plateforme de réservation par défaut, car la marque a profité du fait que les acteurs du secteur étaient incapables de se fédérer et de créer leur propre plateforme. Ils ont ainsi perdu la main, perdu la maîtrise du prix, perdu la relation directe avec le client, et se trouvent désormais en situation de dépendance critique vis-à-vis d'acteurs extérieurs.

La fin des rentes

En apportant de la transparence sur le processus de production d'un bien ou d'un service, le numérique supprime les « asymétries d'information ». Qu'est-ce que ça veut dire ? Tout simplement que le consommateur est plus informé, plus conscient des marges du producteur, et donc nécessairement moins disposé à tolérer qu'elles soient élevées ! Plus informé des coûts de prestation d'un service. Plus conscient des ressources disponibles pour rendre une prestation. Plus informé, donc plus exigeant ! De façon générale, *mutatis mutandis*, cette information conduit à une lente érosion des rentes de réglementation et des rentes de situation qui bénéficiaient traditionnellement aux acteurs établis. C'est le même effet qui est atteint lorsque de nouveaux intermédiaires s'immiscent dans la chaîne de valeur : ils viennent fragmenter la répartition des richesses, là encore au détriment des acteurs historiques, qui y perdent en marges et en capacité d'investissement !

Les exemples des rentes remises en cause sont nombreux : dans le transport avec le monopole des taxis qui vole en éclats, dans l'hébergement avec l'arrivée sur le marché de 300 000 lits supplémentaires dans 15 000 communes (contre 6 000 pour celles comptant au moins un hôtel), dans le juridique avec les plateformes dites « LegalTech » qui simplifient et optimisent les premières démarches juridiques simples, dans la restauration avec les plateformes de livraison de repas (appuyées ou pas sur les acteurs traditionnels), dans l'esthétique avec les coiffeuses et maquilleuses indépendantes qui viennent concurrencer directement les salons de beauté…

La fin d'une rente appelle la structuration d'une nouvelle rente ! La nouvelle couche intermédiaire (qui peut être une couche purement logicielle ou une couche mixte entre logiciel et prestataire) se développe en effet sous la forme d'un oligopole. Elle a donné par exemple dans l'hébergement une force incroyable aux plateformes de réservation de type Booking. Leur pouvoir important sur le marché les met désormais en situation de rapport de force tel :

- qu'elles imposent des commissions importantes (entre 15 % et 30 % selon les cas) qui réduisent drastiquement la marge des hôteliers ;
- qu'elles imposent aux hôteliers l'implantation de systèmes d'informations de gestion (réservations, bases clients, stocks, marketing promotionnel…) rendant la prise de contrôle totale.

Ces derniers se retrouvent dans un contexte où l'arrivée d'un nouvel entrant a minimisé leur rôle, leur valeur ajoutée, leur visibilité, leur autonomie. Finalement, leur activité se recentre sur les tâches d'accueil, de manutention, d'entretien, de service au sein de leur établissement. Et ce avec une plateforme qui ne possède pas un seul hôtel, pas un seul actif, pas un seul mur !

Les nouveaux acteurs de l'économie numérique

Source : L'Observatoire de l'Ubérisation.
Infographie créée par CREADS.

Ainsi, en permettant par son caractère immatériel, une concurrence sur une zone géographique démultipliée, l'innovation digitale peut fragiliser les acteurs historiques locaux de façon brutale. Seuls les services réalisés très concrètement en relation avec le client ne sont pas délocalisables (services à proprement parler dans l'hôtel) ; tous les autres segments en amont peuvent, eux, être déplacés, robotisés, automatisés…

Réagir !

Le chef d'entreprise traditionnelle doit donc réagir ! Et vite ! Il lui faut se poser et réfléchir à sa propre stratégie numérique bien sûr, mais aussi à celle de son secteur, voire anticiper la stratégie d'autres acteurs encore à l'extérieur de sa filière, qui pourraient décider de faire irruption pour venir bouleverser le calme et placide modèle économique dans lequel il vit encore, à l'abri des remous et des tumultes rencontrés par ses voisins.

Il faut dire d'ailleurs que ce type de réaction n'est pas nouveau ; il est même vieux comme le monde et, plus proche de nous, nous rappelle les réactions des commerçants de centre-ville lors de l'apparition des premières grandes surfaces déjà évoquées plus haut. Ah, que la vie était belle dans la petite rue centrale de la bourgade, où le cordonnier, le boulanger, le quincaillier et le boucher se partageaient les passants, la clientèle s'affairant d'un magasin à l'autre avec un choix tout relatif et un prix bien peu négociable ! Les commerçants traditionnels étaient certains que la baguette de pain, les chaussures et les clous seraient toujours meilleurs chez eux que dans ce grand hall déshumanisé aux rayons interminables qu'on appelait alors « supermarché ». Puis, mois après mois, ils baissèrent le rideau, par perte irrémédiable du chiffre d'affaires. On connaît la suite : le centre-ville vidé de ses petits commerces, la prise en compte bien tardive de la problématique par les élus locaux et les politiques nationales, la création des associations de commerçants, les premières cartes de fidélité et les initiatives de tous bords pour faire revenir le client là où il ne peut ni se garer, ni être toujours bien accueilli, ni trouver un prix bas…

Les chefs d'entreprise se répartissent aujourd'hui en trois catégories : les fiers-à-bras, les immobilistes et les réalistes.

- Les fiers-à-bras sont délibérément entrés dans un état d'esprit de « même pas peur ! » face à ces phénomènes. Ce positionnement réellement dangereux cache deux réalités : une vraie peur du phénomène et un manque d'anticipation des risques. C'est l'autruche qui gonfle ses muscles mais se voit déjà courir pour fuir son prédateur. Dans l'histoire humaine, ce type de comportement enclenche souvent une mort à petit feu.
- Les immobilistes envisagent le numérique comme une menace et en restent totalement pétrifiés,

momifiés, médusés. La puissance du phénomène les laisse sans voix et sans bras. Ils se demandent comment tout ceci a pu arriver, et pourquoi ils n'ont rien vu venir. Les innovations digitales leur paraissent inabordables, complexes, coûteuses et finalement inaccessibles.

- Les réalistes, eux, sont concrets et pragmatiques. Le raisonnement tient souvent en trois temps : d'abord, je réalise que le consommateur se détourne de mon offre car les acteurs « modernes » ont apporté quelque chose de plus sympa, de plus attractif. Ensuite, je prends l'initiative de lancer à mon niveau, celui de ma filière, de mon secteur ou de ma région géographique le même type de service, tout en maintenant l'ancien service qui finance en partie l'investissement nouveau. Finalement, je coupe le service dépassé qui est devenu minoritaire dans le développement de mon activité. La mutation a eu lieu.

Conclusion

L'ubérisation n'est pas si terrible, car on peut la comprendre et la décrypter. Elle n'est pas si terrible, car on en connaît déjà presque tous les leviers et tous les alibis. Elle n'est pas si terrible car elle plaît au consommateur, en agissant d'abord comme « *client-centric* » avant d'être autocentrée.

Mais elle est inexorable dans bien des secteurs. Elle est rapide et intraitable, elle est financée et peu encline à se poser des questions de rentabilité. Elle cherche à imposer un monopole de fait là où il y a des monopoles de droit… Et ça, c'est économiquement plus libéral, mais plus frontal !

3

Le digital et la vision du monde

Interview vidéo

Céline Mounier,
Docteure
en sociologie

https://goo.gl/na0AnJ

- Est-ce que le digital, et notamment l'ubérisation, a le pouvoir de transformer notre rapport aux autres ?
- Le digital, par sa vitesse et son impact, demande formation et éducation pour ne pas exclure. Quelles sont les pistes pour la formation et l'éducation ?
- L'ubérisation est-elle une illusion ou une liberté retrouvée ?

Les sociétés confrontées au digital se posent, à raison, de nombreuses questions : seront-elles les mêmes demain ? La taille protège-t-elle de l'évolution ? Suffit-il d'un grillage et d'une enveloppe corporelle différente pour défier toute agression de moustiques numériques ? La tentation est de penser que la taille, le prestige, l'ancienneté permettent de justifier et d'assurer la préservation d'un modèle résistant à toutes les modes ou changements profonds. En gros, c'est la stabilité de la vieille Europe et de ses institutions économiques et politiques qui garantit le modèle.

Mais les questions qui se posent à la société se posent aussi à l'entreprise : les grandes entreprises de demain auront-elles encore des employés ? Auront-elles encore des hiérarchies principalement issues de l'expérience, consolidées à l'ancienneté et confiées à des plus de 50 ans ? Seront-elles composées d'un petit nombre de salariés organisés autour de fonctions stratégiques, dotés d'une forte capacité de coordination plus que d'action ? Quand les uns répondent que non, les autres pensent qu'elles seront constituées d'un ensemble de projets à réaliser avec des équipes sans cesse recomposées, dans lesquelles la complémentarité des profils et des compétences (internes comme externes) compteront plus que la taille de la pyramide hiérarchique et des matrices d'organisation traditionnelles.

La réponse est simple : personne ne sait lire dans une boule de cristal ! Il est toujours difficile de juger un objet en l'imaginant différent quand votre culture et vos habitudes vous dictent de penser que la transformation est impossible. La culture a ce côté dictatorial et ce besoin de confort qui fixent des référentiels difficiles à dépasser.

Nous pouvons simplement dessiner des tendances et des retours d'expérience et c'est ce que nos interlocuteurs nous disent tout au long de ces interviews. Justement que disent-ils ?

Que disent les DRH ?

Les jeunes sont difficiles à attirer et à retenir, que ce soit les hauts potentiels surdiplômés, ou les emplois moins qualifiés, comme dans le bâtiment, la programmation et le codage, le charpentier et le charcutier... Dès lors, il risque de devenir difficile de compter sur la capitalisation des savoirs et savoir-faire, acquis par une population fidélisée pour faire tourner une grande entreprise. Comment faire vivre une organisation si les cadres clés quittent régulièrement l'entreprise ?

Les DRH nous disent que les jeunes sont en attente de sens dans leur engagement professionnel. Ils sont aussi plus exigeants, moins fidèles et moins patients. Comment créer l'envie et la passion, quand l'ennui est inhérent à l'organisation d'une grande entreprise, dont les processus, la gestion très prudente du risque, la hiérarchie, les obligations politiques et les rapports de pouvoirs forment l'essentiel du ciment organisationnel et humain ? Comment pourront se réinventer des groupes de cette taille afin de relever le défi de la fidélisation ? Doivent-ils faire leur deuil de ce type d'organisation et inventer un nouveau mode d'organisation ? Est-ce possible ? Et enfin, comment un pays comme la France, qui a basé son modèle sur l'État fort (au personnel nombreux) et les grands groupes, pourra-t-il survivre si nos géants sont incapables de s'adapter à la période glaciaire et sont destinés à subir le sort du dinosaure, trop lourd et trop lent à s'adapter ? Bien malin qui pourra trouver la réponse autrement que par l'observation fine de ce que les prochaines années nous réservent.

Que disent les jeunes ?

Les jeunes nous disent qu'ils ne voient pas pourquoi ils devraient vendre leur travail à un prix fixe, selon des modalités fixées par d'autres, quand ils peuvent décider de toutes ces conditions eux-mêmes. Ils sont conscients de leur valeur, et ils pensent mériter plus que cela. Ils veulent savoir pourquoi et pour qui ils travaillent. L'intérêt et la passion du contenu comptent plus que la perspective d'un emploi à vie en contrepartie duquel ils devraient sacrifier leurs rêves et leur jeunesse. Et leur talent.

Les discussions avec les jeunes tournent autour de plusieurs thématiques, qui reviennent en boucle. Ils ont vu leurs parents balayés comme des fétus de paille au premier coup de vent. Des générations qu'ils pensaient insubmersibles, cadres et hauts dirigeants, remerciés d'un jour à l'autre au gré d'une fusion, d'un plan social ou victimes d'une nécessaire amélioration du bénéfice boursier de l'entreprise sous la pression d'actionnaires pressés. Ils n'ont donc plus aucune confiance dans ce système. Ils pensent que les sourires et amulettes déployés lors d'un recrutement au goût de racolage, sur les campus, n'est qu'un leurre, et que le sourire tombera à la première difficulté venue, pour être remplacé par une grimace leur signifiant une sortie brutale et cynique. Un chèque de bienvenue et un chèque pour la sortie.

Ils ont vu leurs parents, fiers d'un statut, que leur provenance et leur diplôme leur avaient permis d'obtenir, qui en avaient fait la marque de leur différence sociale, dégringoler brutalement et rester au chômage quand ils avaient dépassé 50 ou 55 ans. Ils ont vu que l'âge et la dévotion, la fidélité n'avaient aucune valeur aux yeux de l'entreprise et pire, devenaient même un obstacle à leur existence professionnelle future.

Ils ont vu l'arrivée triomphale des start-ups, américaines pour l'essentiel. Ils ont assisté à l'avènement d'une société où la jeunesse n'était plus un obstacle à une réussite rapide et une ascension sociale vertigineuse. Le tout sur un fond d'indépendance et d'esprit révolutionnaire, sur la maîtrise de technologies et l'arrivée d'usages que la génération précédente ignore ou ne comprend pas, qui leur permet une sorte de revanche sur un système qui a fait de l'ancienneté un critère de succès plus important que la passion et la compétence. Un système dont ils pensent que « l'âge bloque l'avènement de l'envie ». Ils y voient un facteur d'émancipation et de revanche.

Ils ont vu l'émergence des modèles d'économie sociale et solidaire, des sociétés en Scop[1], des partages de la valeur. Il est fini le temps où l'actionnaire, trop éloigné et trop exigeant, remporte la totalité des bénéfices quand eux se font 1,5 fois le SMIC. Ils ont rêvé pouvoir profiter des bénéfices et posséder une partie de leur outil de travail. Ils sont nés avec la propriété partagée de Wikipédia, et on les prive de partage dans leur entreprise ?

Les jeunes voient un monde qui se dégrade, ils ne croient plus aux politiques, et d'ailleurs ne votent pas ou votent de plus en plus Front National, par contestation, de façon cohérente avec ce qu'ils font dans le monde professionnel, pour chasser la hiérarchie précédente. Ils ont un début de conscience de la planète et des écarts de richesse, même si leur premier réflexe est d'y contribuer en réussissant pour eux plutôt que pour les autres. En se disant néanmoins qu'en cas de réussite, ils consacreront une partie de leur argent à soigner les maux de la Terre.

1. L'acronyme Scop désigne une Société coopérative et participative, parfois également « Société coopérative ouvrière de production » ou encore « Société coopérative de travailleurs ».

Il gronde chez eux un désir paradoxal de révolution et de conformisme, au moins dans l'image qu'ils se font de la réussite, basée sur la réussite professionnelle.

Que disent les patrons du CAC ?

Ils sont désarmés. Ils ont une pensée mixte et parfois paradoxale. Peur et pas peur. Attrait à court terme, moins à long terme. Conscients du changement, mais ne sachant pas toujours comment l'impulser. Méduse et Midas…

Ils sont pris en étau, depuis longtemps, entre les impératifs de marché et les actionnaires. Entre les actionnaires, leur conseil d'administration et leurs cadres dirigeants. Entre le marché et les régulations croissantes que la plupart des États leur imposent. Entre la nécessité du profit et l'exigence de la création ou du maintien des emplois. Bref, leur vie professionnelle, souvent passionnante par le défi qu'elle suppose, est un cauchemar assez intense, et à l'heure des débats sur leur salaire, qui mérite d'avoir lieu, nombre d'entre nous, dirigeants de PME, admettons facilement que nous ne troquerions pas notre place contre la leur, tant l'exercice est difficile. Et assez peu le supporteraient.

Mais tout à un coup, un aléa supplémentaire s'ajoute aux autres. Le digital. Un ennemi qui pour le coup, leur veut rarement du bien. Les ubérisateurs de tous poils voient dans ce monstre lourd, porté par une informatique ancienne et un sens du client souvent « léger », une cible de choix à abattre grâce à leur agilité, leur vitesse, et une meilleure compréhension des enjeux et des cultures nouvelles. Les barbares sont de retour !

Peur et confiance

Les dirigeants de grandes entreprises sont pris entre deux tentations : la peur et la confiance. La confiance leur vient de leur taille. Ils voient difficilement une armée de jeunots arborant capuches et t-shirts, qui pitchent en baskets (dire « *sneakers* » en anglais) et jouent au babyfoot, comme des menaces capables de les terrasser. La confiance vient de leur trésorerie, de leurs actifs, de leur présence, de leur marque, de leurs réseaux. Ils les voient comme autant de pare-feu qui les protègent de l'incendie. Ils sont en haut des tours et voient la menace de haut. Ils pensent qu'ils ont le temps de s'adapter, les moyens d'acheter les indélicats qui les agressent ou de lancer des services équivalents.

La peur vient de ce que certains groupes se sont fait décimer en peu de temps ; des groupes plus petits qu'eux, certes, mais de taille substantielle néanmoins. On prend souvent l'exemple de Kodak, de Nokia, mais ce sont des exemples qui révèlent davantage l'aveuglement stratégique que le fait de s'être laissé dépasser très vite par de nouvelles technologies. IBM a subi le même assaut et a su prendre à temps le chemin du service, qui lui a valu son rebond. L'exemple de Blockbuster et de Netflix est certainement plus pertinent. Une technologie, mais surtout un usage différent, et le premier a disparu en moins de deux ans, laissant des milliers de boutiques vides[1] et des employés au chômage.

Certains ont en revanche pris les devants. Mais ils sont rares. Ils ont testé des services qui leur paraissaient rentables, ont étendu leur position actuelle, ce qui leur a permis, non pas de chercher la concurrence directe avec les « barbares » mais avec leurs pairs. L'exemple d'Orange en France est de ce point de vue symptomatique. Les dirigeants d'Orange ont fait leurs gammes en Afrique avec le paiement mobile et l'expérience les a persuadés qu'ils pouvaient venir manger dans l'assiette des banques. Il est plus facile, effectivement, d'attaquer un aussi lourd que soi, qui court encore moins vite, plutôt que de viser directement les Usain Bolt du numérique.

Un grand nombre de patrons ont tort de sous-estimer la menace et pourtant la sous-estiment. C'est le cas de la banque, de l'assurance, des transports, et même du luxe, ce dernier secteur étant très en retard sur le numérique. Google connaît vos habitudes d'achat, vos recherches, sait à qui vous achetez, avec quel compte vous payez, où

1. Exemple avec la fermeture de Blockbuster, valorisée 5 milliards de dollars en Bourse, comprenant 1 500 magasins et 15 000 employés. Source : « La chaîne de vidéo-clubs Blockbuster va fermer aux États-Unis », 6 novembre 2013, www.capital.fr.

vous vous situez. Il est le fil invisible qui lie toute transaction sur une large partie de la planète. Il vous aide à trouver le produit de votre choix, pourquoi ne pourrait-il pas vous proposer de vous le financer et de vous le livrer ? Amazon fait le même pari. Bien entendu, le e-commerce représente moins de 6 % du PIB de la plupart des États[1]. Néanmoins, il croît, et le smartphone (qui sert désormais accessoirement à téléphoner) devient l'outil roi. Il faut dès lors avoir un service, une informatique du XXIIIe siècle, une organisation et une information qui permettent de gérer efficacement le parcours client. Les grands groupes en sont loin.

Google, Amazon, Apple, Facebook, eux, sont en avance. La facilité qu'ils offrent et leur capacité à gérer horizontalement et verticalement tout votre parcours client feront d'eux les outils utilisés pour accéder aux services des autres ! Ainsi, les ubérisateurs du ciment sont plus équipés que Holcim pour livrer du ciment à un professionnel. La force des sociétés du digital est notamment de faire de la facilité d'usage et de la captation de l'expérience client, le moyen de livrer – mieux que vous-même ! – des services que vous fabriquez ou proposez.

Il pourrait en être de même pour les fournisseurs d'énergie. Nombre de plateformes seront plus agiles à

1. 9 % du commerce de détail hors alimentaire, 6 % du commerce de détail en France, selon la FEVAD en 2015.

permettre l'accès à l'énergie dont la population a besoin, au moment où elle en a besoin et en quantité nécessaire, que les acteurs historiques qui pourtant la produisent. Encore une fois, la facilité et l'immédiateté, la précision du « tir » permettent aux nouveaux acteurs de capter la transaction sur un bien qu'ils ne produisent pas ou ne possèdent pas. Des groupes comme EDF ou Engie pourraient tout à fait s'étioler ou disparaître. Et comme le disait Isabelle Kocher (PDG d'Engie) lors du salon Vivatech en juin 2015 : « Nous vivons une révolution industrielle dont les deux poumons, l'énergie et le digital, seront absolument indissociables l'un de l'autre. La révolution industrielle est liée à ces deux phénomènes fondamentaux. Le digital accélère le mouvement et devient central. Il transforme encore davantage notre façon de penser et d'agir qu'il ne transforme nos métiers. Il est devenu indissociable des technologies de l'énergie. Ne pas maîtriser cette nouvelle forme d'intelligence s'apparenterait à de la bêtise. »[1]

Des paradoxes à gérer : le poids du passé

Les dirigeants des grandes entreprises sont bien démunis devant ce challenge. Une entreprise comme La Poste doit s'adapter, ce qu'elle fait assez brillamment d'ailleurs. Si elle voulait accélérer, elle devrait

1. Isabelle Kocher, « Dans notre monde, le digital est aussi vital que l'air que nous respirons », *Les Échos*, 28 juin 2016, www.lesechos.fr.

s'affronter aux blocages internes et assumer une fronde sociale et culturelle énorme ! Or chez EDF, La Poste et autres secteurs sensibles, du fait de leur histoire, de la symbolique sociale qu'ils représentent et du pouvoir de nuisance des syndicats, le licenciement est un mot tabou. Les dirigeants de ces grands groupes gèrent la diminution en douceur, accompagnent la mutation, notamment par le non-remplacement des départs. Il n'en demeure pas moins que les experts estiment que ces entreprises « entretiennent » des postes inutiles par dizaines de milliers.

Dès lors, c'est un équilibre très complexe à trouver, entre la volonté que le digital ne fasse pas massivement de victimes du chômage, ce qui prouverait sa « nocivité », et celle de s'adapter assez vite à la concurrence pour ne pas disparaître, car le coût serait bien pire encore. Dans le grand débat sur l'impact du numérique sur l'emploi, l'Organisation de coopération et de développement économique (OCDE) apporte une contribution qui relativise certaines études préalables et retient le chiffre de 9 % des emplois qui seraient menacés par l'automatisation et la digitalisation (contre 47 % chez d'autres chercheurs)[1].

1. « The risk of automation for jobs in OECD countries. A comparative analysis », Melanie Arntz, Terry Gregory, Ulrich Zierahn, OCDE, 2016.

Le pourcentage de travailleurs occupant un emploi à risque élevé d'automatisation

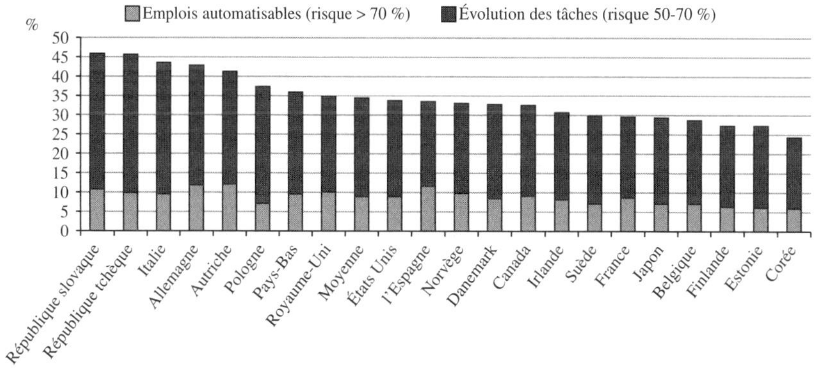

Note : Les données relatives au Royaume-Uni englobent l'Angleterre et l'Irlande du Nord. Les données relatives à la Belgique correspondent à la Communauté flamande.

Source : M. Arntz, T. Gregory et U. Zierahn (2016), "The Risk of Automation for Jobs in OECD Countries: A Comparative Analysis", Documents de travail de l'OCDE sur les affaires sociales, l'emploi et les migrations, n° 189, Éditions OCDE, Paris.

À l'inverse, certaines activités souffrent modérément de la digitalisation. Sodexo, l'un des plus gros employeurs français avec près de 360 000 employés, continuera certainement à servir des repas et proposer des services qui exigent de la main-d'œuvre en nombre conséquent. Ces groupes qui souffrent moins que d'autres de la digitalisation peuvent muer vers une extension de leurs activités avec moins de stress.

La résistance qui s'organise face à l'ubérisation provient donc d'abord du risque porté sur l'emploi salarié. Les syndicats voient dans le modèle de l'activité indépendante, une insulte, ou en tout cas un danger pour le maintien du salariat classique, et donc de leur position dans l'entreprise. Si l'entreprise s'allège, si elle sous-traite ses activités à des indépendants, si ces indépendants sont hors du champ de pouvoir des syndicats, c'est leur propre survie qui est en jeu. Ceux-ci poussent à préserver l'emploi du plus grand nombre, ce qui est louable, mais souvent au risque de la disparition de l'ensemble, ce qui est aveugle et court-termiste.

Il faudra d'ailleurs se poser la question de la place de l'homme dans la digitalisation et de la course à la productivité, si sa conséquence est la disparition de la nécessité de recourir à des êtres humains. Car alors cette course aura une fin très triste, pour tous.

Dès lors, le « problème » de l'ubérisation consiste plus à donner un peu de temps aux « grands et gros » pour s'adapter qu'à gérer un problème de concurrence déloyale. Prétendre qu'un groupe de 160 000 personnes puisse souffrir fortement, à très court terme, d'une concurrence déloyale de la part d'une start-up, aussi rapide soit-elle, est révélateur d'un système qui organise efficacement son lobbying, afin de s'aménager le temps qui lui est nécessaire pour être en situation d'y résister plus fortement. C'est également la preuve que le pouvoir de nuisance reste entre les mêmes mains, pour le moment en tout cas. Mais utiliser le mot « déloyal » quand on a le pouvoir, les lobbies, les soutiens et la puissance financière, est véritablement une insulte au bon sens et à l'observation. Le fait que les start-ups utilisent un modèle plus souple, qui variabilise les charges de l'entreprise, ce qui entraîne un impact sur notre modèle social, mais ne les rend pas déloyales (sauf au sens uniquement juridique du terme[1]) pour autant. Le pouvoir reste largement équilibré.

Toutefois, il l'est moins pour un groupe comme G7 ou Taxis Bleus, dont la taille et la non-diversification des activités entraînent une plus forte dépendance au secteur et à son modèle d'organisation. Leur taille, suffisante pour dégager des bénéfices très confortables et faciles, est insuffisante pour résister longtemps à un acteur comme Uber. Leur système de rémunération est basé sur le maintien de cette « rente » liée au blocage du nombre de licences de taxis disponibles à Paris. Le moindre grain de sable dans cette machine bien huilée et protégée pourrait assécher les ressources des deux groupes et les conduire à une baisse considérable de leurs revenus, voire pire.

---

1. La concurrence déloyale désigne en droit français un abus de pratique commerciale d'une entreprise par rapport à une autre, punissable sur le fondement de l'article 1382 du Code civil. Trois conditions doivent être réunies : la faute (dénigrement, désorganisation, imitation, parasitisme), le préjudice (nuire à l'image d'une entreprise, diminution du chiffre d'affaires) et le lien de causalité (clause de non-concurrence, débauchage illicite).

Au final, il s'agit plus de définir un nouveau terrain de jeu dans lequel les acteurs, anciens ou nouveaux, trouveront à s'exprimer, flanqués d'un droit nouveau et non de l'amendement des règles anciennes. Il s'agit de créer deux statuts d'actifs, différents, aux conséquences et intérêts variables selon le statut choisi, afin de pouvoir rapprocher la législation de la réalité et permettre aux entreprises un développement fort.

Prisonnières à l'intérieur

Enfin, les grandes sociétés sont devenues prisonnières de leur informatique. Les DSI sont les gardiennes d'un temple aussi impénétrable de l'intérieur qu'il est fragile et souvent désuet de l'extérieur. Elles ont voulu, pour de bonnes raisons, sécuriser le fonctionnement, le flux, l'échange des informations, à un point qui bloque l'information entre les salariés, les prive d'outils modernes et utiles, tout en étant à la merci du premier pirate venu, qui régulièrement accède à leurs systèmes et à leurs données. L'accès par des « hackers » aux données bancaires des clients est un fait divers récurrent de l'actualité récente.

Un temple fermé reste rarement un lieu de culte très longtemps. Il finit par disparaître avec l'âge de ceux qui le fréquentent, car si certaines valeurs restent, la façon de les diffuser lasse et finit par tourner sans but, sans pouvoir se réformer. C'est ainsi que l'informatique des grands groupes et de l'État pourrait être datée au Carbone 14. Et encore ! Même les modules de e-gouvernement qui ont été mis en place offrent une interface et un potentiel d'expansion ridicules face aux enjeux.

Mais les DSI ont fait ce qu'on leur demandait dans les entreprises : gérer les conséquences d'un principe de précaution qui était leur règle de vie, avant même qu'il ne devienne constitutionnel. Elles protègent et évitent le risque. Elles veulent rendre les données inaccessibles et, ce faisant, elles ont rendu l'évolution vers les technologies modernes totalement impossible. Les seules qui soient devenues inaccessibles, ce sont elles ! Elles ont même forcé le trait jusqu'à la caricature en imposant leur dictionnaire, leur sémantique, afin de rendre incompréhensible pour le commun des mortels, la chose informatique. Personne n'y comprenant rien, mais comprenant les mots de danger, de risque, de pillage, les dirigeants des entreprises du CAC vouent une confiance aveugle aux DSI, qui en abusent.

Sur le e-learning par exemple, l'expérience est révélatrice. Combien de DSI permettaient, encore récemment, l'accès à des outils pourtant indispensables pour la formation des collaborateurs ? Des versions d'Explorer totalement obsolètes, des mises à jour qui prennent des mois pour être décidées et des mois pour être mises en place. Leur refus d'évoluer impacte dès lors la capacité des hommes à évoluer, en leur déniant l'accès à des outils de formation.

Pendant ce temps, les barbares, qui démarrent bien entendu de zéro, mais qui anticipent en permanence sur les nouveaux langages de codage au lieu de se replier sur la préservation des anciens, avancent à une vitesse folle, là où les DSI « escargots » font des sauts de puce, au lieu des bonds de géants nécessaires.

Que disent ceux qui œuvrent à des formes différentes du travail ?

L'ubérisation de la société pyramidale

Le digital, notamment le e-commerce, marche de la façon suivante.

Au départ, il y a ces consommateurs que les publicitaires et les marketeurs visent, en plus des influenceurs, car ce sont des éclaireurs, qui aiment ce qui est nouveau, différent. Les marques se les arrachent pour les avoir avant tout le monde. On les appelle les « *early adopters* », ceux qui adoptent les nouvelles tendances, technologies, les nouveaux produits, avant les autres. Ils sont décisifs car de leurs achats, de leurs commentaires et avis, de la croissance qu'ils génèrent, dépendent le succès ou l'échec, ou éventuellement la vitesse de pénétration du marché. L'échec de la commercialisation auprès de cette cible entraîne presque irrémédiablement l'échec du produit.

Si cette première étape est positive, alors les autres consommateurs se mettent en marche. Par mimétisme souvent, mais également en fonction des commentaires des premiers consommateurs. L'afflux de nouveaux consommateurs permet, en général, de baisser le prix de départ du produit, ce qui accroît encore sa base de consommateurs. Dans un monde idéal, cette « contamination commerciale » se répand sans limite, assurant ainsi le succès du produit.

Certains parviennent à ce miracle, sans rien changer au prix et réalisent ainsi des marges stupéfiantes, qu'ils savent maintenir dans le temps, par la qualité du produit et l'efficacité du marketing déployé. Apple en est l'exemple parfait.

Pour fonctionner, ce modèle a besoin de codeurs et de programmeurs. Ce métier fait partie de ce que l'on nomme les métiers « en tension », terme diplomatique et feutré qui signifie que notre système a été incapable de produire ce dont le monde a besoin, pendant que nous avons une capacité appliquée à continuer à former sur des métiers inutiles ou obsolètes. Plus clair encore, il manque environ 100 000 codeurs et programmeurs en France à ce jour. Mais au-delà de ces compétences absentes, c'est la capacité de notre pays à fournir à nos entreprises, les « anciennes » comme les « nouvelles », le carburant qui permettra à notre économie de garder son rang, voire de reprendre l'avantage. Il ne s'agit donc pas seulement de 100 000 personnes manquantes, mais c'est la condition indispensable du succès, de notre survie.

Cette absence, un entrepreneur hors norme l'a remarquée : Xavier Niel. Au lieu de s'en plaindre, il a organisé une première réponse et il a créé l'École 42. «*Born to code*» est sa devise. Pour cela, Nicolas Sadirac, Kwame Yamgnane et Florian Bucher sont partis d'une méthode mise en place à l'Epitech pour la pousser au maximum de ses limites et de son concept.

Tout d'abord, cette école ne recrute pas sur les diplômes, sur les notes en maths, sur l'allemand comme première langue, sur la beauté du carnet scolaire. En clair, sur le passé. Non, les tests pour entrer à 42 essaient de prévoir l'avenir : les aptitudes, l'envie, la créativité, la passion, l'esprit de groupe, la capacité à travailler en équipe, la résilience et la résistance à l'effort.

Une fois ce test passé, *via* internet, le moment du test en «*live*», sur le terrain, arrive. Les élèves sélectionnés sont soumis à une semaine de tests réels, des épreuves qu'ils doivent passer avec des personnes qu'ils n'ont jamais rencontrées auparavant. Ils se retrouvent dans des conditions extrêmes, qui les déstabilisent, les poussent à se dépasser, et ne les laissent pas respirer une seule minute, en jalonnant les journées de pièges et pressions diverses. Leur résistance à la fatigue est également mise à l'épreuve. Après ce test de «combat» digne de la légion, les meilleurs sont retenus. Ils sont de tous âges, de toutes provenances professionnelles ou scolaires, géographiques et sociales. Ici, ceux qui sont issus de milieux sociaux modestes, voire défavorisés, ou considérés comme en échec scolaire ont leurs chances. L'École 42 a su détecter chez eux ce que le système scolaire traditionnel ne sait pas détecter, par des tests trop banalisés et orientés, basés sur les mêmes notes dans les mêmes matières, sans place pour les aptitudes, les envies et leur adéquation au futur métier qu'ils souhaitent exercer.

La scolarité des nouveaux recrutés peut alors démarrer, dans une alternance de cours et de stages longs. Mais des cours totalement inédits : pas de professeurs, peu d'encadrement, pas de hiérarchie. Les cours fonctionnent par projets de complexité croissante, que les élèves doivent réaliser, en constituant des équipes aux compétences complémentaires. Ils doivent se « débrouiller » pour réussir. Seuls, c'est-à-dire ensemble mais sans professeurs, ils gèrent leurs équipes eux-mêmes, en toute autonomie. Ils doivent notamment évacuer les membres du groupe qui ne jouent pas le jeu collectif.

Un jour, ils arrivent en entreprise, ou plus exactement ils se posent la question de savoir s'ils souhaitent ou non entrer en entreprise. Et les questions qu'ils se posent sont simples : « Ai-je envie après trois années passées en autonomie totale, sans chaperon, de façon totalement responsable, de rentrer dans une structure hiérarchisée, aux codes obscurs, aux parcours tracés, aux pyramides construites, lourdes du passé qui leur a donné vie ? Pourrais-je me voir imposer mes équipes et mon fonctionnement ? Pourrais-je me voir imposer une hiérarchie, qui ne soit pas forcément légitime ? » Et là, une large partie d'entre eux répondent non ! Une autre large partie rêve d'entreprendre. Et une toute petite partie envisage de tenter le salariat. Pour ces derniers, les entreprises, agonisant devant le manque de ces compétences, de cette matière rare, sont prêtes à tout. À tous les changements. Elles font une place à part à ces génies indispensables à leur évolution technologique. Elles leur aménagent un cocon privilégié, qui déroge aux normes habituelles. Ces jeunes codeurs et programmeurs sont donc les *« first movers »* de l'ubérisation, qui permettent de tester un concept nouveau, ils sont le petit noyau de départ qui introduit le changement, adopte la nouveauté.

C'est ensuite aux *« early adopters »* de décider de l'expansion de cette nouveauté, en consommant sur les plateformes ou en produisant pour les plateformes. Et de sa généralisation. Car les salariés qui vivent dans les entreprises et verront ces premiers salariés d'un genre nouveau travailler selon un mode unique, auront forcément la tentation d'y goûter à leur tour. Le goût de l'autonomie, de la responsabilité, de la liberté est enivrant et il y a fort à parier que les premiers freelances conquis par l'ubérisation resteront peu de temps sur leur îlot isolé, car nombre de salariés auront envie de tâter ce modèle d'entreprise libérée.

Le temps dira si le virus se répandra ou non. C'est une remise en cause fondamentale de l'organisation d'une entreprise traditionnelle. Pour tous ceux qui l'ont bâtie et qui la gèrent, cette remise en cause ne sera pas sans les interroger. Les inquiéter aussi. Une entreprise ne fonctionnera certainement pas intégralement en mode projet, avec des prestataires qui remplaceraient les salariés, mais l'évolution va se faire. À une vitesse qu'il est difficile d'apprécier.

Il faut bien comprendre que les valeurs véhiculées par ce changement énorme, contiennent les germes d'une révolution culturelle. En effet, notre système est une colonne vertébrale, dont chaque vertèbre montre à la fois sa force et sa rigidité. Le système scolaire français, malgré ses réussites, est le symbole d'une absence d'attention aux aptitudes pour privilégier le constat lié au QI, à des connaissances, à une certaine forme d'intelligence et à un mode de fonctionnement particulier. « Être scolaire ou échouer ». Le tout conduit par un système descendant, qui laisse peu de place à l'autonomie, au collaboratif, à la responsabilité. L'État prend rapidement le relais de l'éducation dans la vie des Français. Il nous tient par la loi, par un poids substantiel dans l'économie, par des services qui encadrent le quotidien, poussant à la déresponsabilisation et à la dépendance de la gratuité de notre éducation nationale. Personne ne sait plus d'ailleurs en mesurer le coût et respecter le confort incroyable qu'il apporte et que le monde nous envie. Mais l'irrespect du système entraînera sa disparition. C'est la disparition de l'État Providence à moyen terme qui se joue, car les systèmes numériques fourniront très vite, et mieux que lui, des services de qualité.

Pour finir, l'arrivée de la nouvelle génération, en nombre limité certes, fera progressivement exploser la façon dont les sociétés, même les plus énormes, gèrent les hommes.

De quelques-uns à « quelques tous »

Ce raisonnement pourrait s'étendre à la société tout entière. Si la société, sous la pression d'une génération, qui commence par monter pour ensuite tout recouvrir, devient plus horizontale, découvre la valeur des choses, car elle la partage, ou bien lui en attribue une différente et réorganise la société autour de cette nouvelle conception, alors notre système évoluera, comme jamais il ne l'a fait depuis 70 ans.

Nous n'avons pas connu de bouleversement fondamental de notre système depuis bien longtemps. Pas de révolution qui ait changé la course de la sédimentation politique et institutionnelle, de notre droit, de notre système. Certes, quelques ajustements se sont bien fait jour mais ils préservent le fonctionnement initial de notre système, pour un coût croissant qui hypothèque notre futur.

La remise en cause du fonctionnement de notre société, par désespoir pour certains, par nécessité pour nombre d'entre nous, par choix pour un petit nombre qui a les moyens d'avoir de la conscience, peut faire exploser notre système.

La révolution de la formation pourrait enlever son pouvoir à l'Éducation nationale et changer fondamentalement le profil et la culture des Français. Ils pourraient devenir plus lucides, moins sécurisés aussi, plus responsables et indépendants, moins solidaires peut-être, moins élitistes mais plus ouverts au monde et à la différence, plus axés sur l'intelligence collective et donc moins autonomes néanmoins. Le Français de demain, qui découvre la nécessité de s'adapter du fait de la disparition de l'emploi à vie et de la vie tracée par le diplôme, croira plus en lui qu'en l'État.

Il pourrait devenir « horizontal » mais individualiste à l'extrême. Tout dépendra de l'élévation du niveau de vie que cette nouvelle économie apportera. Si elle détruit plus qu'elle ne crée, alors le citoyen cherchera à s'insérer dans un système collectif, façon « blockchain ». Il cherchera également un système qui lui laisse le plus de revenu « net » possible, luttant contre un système de répartition imposé. Il voudra peut-être choisir les communautés avec lesquelles il souhaite se solidariser, aboutissant ainsi à des systèmes horizontaux de solidarité choisis, en contradiction complète avec notre chère sécurité sociale…

Cet homme nouveau pourrait, conscient de l'incertitude extrême que cette société robotisée et « algorithmée » lui réserve, choisir de faire exploser le système du salariat pour être certain de thésauriser à son profit exclusif et maximum, tout en partageant les risques, la couverture de l'incertitude, avec d'autres qu'il aura choisis.

Il pourrait confier sa santé à ceux qui lui promettent que le big data adapté à l'étude de ses facteurs personnels lui garantira une prévention médicale optimale et donc un coût de traitement réduit. Ce qui lui ferait refuser un système solidaire de traitement, faisant de Google au lieu de l'État, l'acteur en qui il aura le plus confiance ! Il deviendrait ainsi l'organisateur de sa vie, tout en cherchant des systèmes de solidarité et de sécurité, qui amortiront les accidents que les nouvelles formes de vie professionnelle risquent de lui imposer. Il aura plus confiance en une masse mondiale, organisée en réseaux sociaux de solidarité, et pourrait perdre sa croyance en l'appartenance à une nation, qui deviendrait au contraire une nation numérique. Bref, nous pouvons nous perdre en multiples conjectures, mais l'impact de cette « petite brèche » dans notre système, ce petit trou dans la coque plastique de notre « zodiac étatique », porte en lui le germe d'une explosion totale de notre fonctionnement. Et ce, en moins de vingt ans, peut-être dix.

Conclusion

Nous devons réfléchir, nous poser. Et surtout prendre conscience de la vitesse du changement, que nous pensons circonscrire en prenant quelques mesures isolées et erratiques « contre » les premiers effets de l'arrivée de l'ubérisation dans tous les pays. Il est important de penser profondément la nouvelle société que nous pourrions bâtir ensemble, un « *new deal* » qui ne soit pas un raccommodage basé sur la peur et l'incompréhension.

Et préférer une vision éclairée et positive, qui maîtrise son destin et lui donne une nouvelle direction et identité, un nouveau fondement qui n'exclurait pas les valeurs qui font de nous des Français, un modèle que nous pourrions exporter, forts du levier que représentent nos institutions, mais revues et corrigées.

Cela demandera des hommes et femmes neufs et une vue corrigée par des verres à adaptation progressive. Les hommes et femmes en place ne pourront le faire seuls. Ils risquent même, par leur comportement réactionnaire et arrogant, de faire disparaître définitivement un modèle qui pouvait se réinventer. Tout est entre nos mains.

4

L'ubérisation de notre modèle social

Interview vidéo

Thierry Marx,
Directeur F&B, Executive Chef,
Mandarin Oriental

https://goo.gl/ukSmj4

- Comment redonner du sens à la formation à l'ère du numérique ? Et d'ailleurs, même en dehors de l'ère du numérique ?
- Les formations sont-elles trop longues ? trop abstraites ? A-t-on définitivement abîmé la vision et l'envie de faire un métier dit « manuel » ?
- Comment la formation peut-elle redonner le goût et l'envie de faire partie de la société ? Pour un prisonnier, un analphabète, un enfant défavorisé ?
- Quel est le mot ou la phrase que vous aimeriez entendre de vos élèves à la sortie de la formation ?

Nous commençons à bien les connaître, à bien les décrire : ces plateformes sont liées de près au fait que de plus en plus de gens deviennent indépendants, créent leur entreprise. Mais il faut bien remettre chaque élément dans son contexte pour déterminer ce qui relève de l'ubérisation, ce qui relève de la tendance populaire et ce qui relève d'autres leviers. De plus, il convient de revenir sur deux critiques majeures exercées à ce propos : « le salariat sera détruit par l'ubérisation » et « l'ubérisation est un levier de précarisation ».

De plus en plus d'indépendants, peu pérennes

L'évolution frappante que connaît notre pays à propos de la libre entreprise est effectivement à prendre en considération. Le nombre de nos concitoyens qui se verraient créer leur entreprise est en augmentation depuis les années 1990. Ils sont aujourd'hui 50 % à le reconnaître et ce chiffre s'élève à 56 % chez les moins de 35 ans[1]. Le modèle du freelance progresse dans les esprits, sous les effets cumulés de l'arrivée du dispositif auto-entrepreneur en 2009 (devenu micro-entrepreneur en 2015) qui a profondément simplifié la création d'entreprise, et de la difficulté des

1. Observatoire SocioVision, « La société française au miroir d'Uber », septembre 2015.

acteurs traditionnels du modèle salarial à pourvoir des CDD et CDI. Les motivations sont très diverses, selon la littérature qui abonde en enquêtes et sondages sur le sujet :

- disposer d'une source de revenus supplémentaire ;
- disposer d'une source de revenus principale ;
- reprendre pied dans l'activité économique après un décrochage et une période plus ou moins longue de chômage ;
- se faire une première expérience après des études (voire en cours de scolarité) ;
- monétiser une passion, un savoir-faire qui semble être valorisable ;
- garder un pied dans l'activité économique après une carrière bien remplie, et alors que l'âge permet encore de remplir des missions diverses.

Bref, les motivations ne manquent pas, les outils pour se lancer sont légion, les organismes d'accompagnement et de conseil aux très petites entreprises sont présents partout sur le territoire, et la volonté sociétale finit le travail. Une masse d'actifs disponibles sur le marché s'est constituée avec le temps, atteignant près de 1,1 million de seuls auto-entrepreneurs, et 3 millions en tout si l'on compte aussi toutes les entreprises individuelles.

Ces indépendants, freelances et autres auto-entrepreneurs relèvent de nombreuses problématiques, là encore diverses et variables en fonction des profils. La première est en lien avec le démarrage du projet. Trois ans après leur inscription

La part dans l'emploi des travailleurs indépendants en France, aux Pays-Bas et au Royaume-Uni

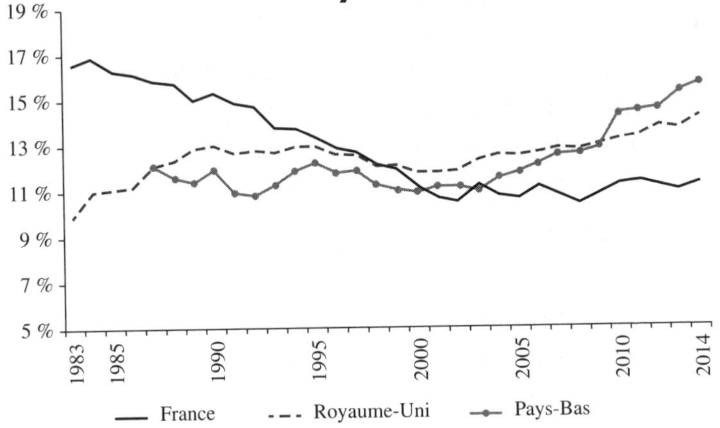

Source : Eurostat, Labour Force Survey, population des 15-64 ans (France métropolitaine).

comme auto-entrepreneurs, seuls 30 % d'entre eux sont toujours actifs sous ce régime fin 2013[1], ce qui démontre leur difficulté à pérenniser leur activité, à se faire connaître et à se développer commercialement. Et d'ailleurs, seuls 62 % ont réellement démarré une activité, preuve que le démarrage même du projet est encore très complexe pour plus d'un tiers d'entre eux (ou que le démarrage administratif précède le montage du projet).

1. Insee Première n° 1595, mai 2016.

Seconde difficulté : la pérennité. Les auto-entrepreneurs ayant démarré en activité principale sont davantage pérennes à trois ans (52 %) que ceux ayant débuté en activité de complément (45 %). Toutefois, pour près d'un tiers des premiers, l'activité principale au démarrage devient une simple source de revenu d'appoint quelques années plus tard, preuve que ces créateurs se recentrent vers un CDI ou un autre type de contrat en cours de développement. La pérennité dépend beaucoup du secteur d'activité. C'est dans la santé humaine-action sociale qu'elle est la plus élevée (71 %). À l'opposé, elle est plus faible dans les activités spécialisées, scientifiques et techniques (45 %), le commerce (46 %) et la construction (50 %), qui concentrent pourtant plus de la moitié des immatriculations de 2010. De plus, la pérennité s'accroît fortement avec l'âge de l'auto-entrepreneur, passant de 40 % avant 30 ans à 55 % au-delà de 50 ans.

Le constat tiré de ces chiffres avant l'émergence de masse des plateformes illustre bien que l'ubérisation n'est pas réellement en cause dans ce manque de développement. Les auto-entreprises, comme de nombreuses autres populations d'indépendants, ont toujours eu du mal à se développer. C'est le sujet critique, parce que le tissu économique n'accompagne pas assez ce type d'activités, parce que l'acte de vente n'est culturellement pas complètement acquis, parce que la crédibilité d'un acteur qui travaille seul est remise en cause... On voit aussi clairement que les plateformes peuvent à ce titre jouer un rôle fondamental :

si elles savent mettre en avant les prestataires et valoriser leur service, si elles savent mettre en place des critères de sélection sur la qualité, la ponctualité, la satisfaction clients, si elles savent apporter de la notoriété et donc nécessairement des leads aux indépendants, alors elles deviendront les meilleures commerciales qui soit.

Le débat sur le salariat déguisé

On voit ainsi très vite comment les nouveaux modèles se mettent en place. Des plateformes, très ergonomiques et bien référencées, vont s'interfacer entre les prestataires d'un côté, et les consommateurs de l'autre.

Du côté du prestataire, il peut s'agir d'indépendants déclarés comme tels (freelance ou auto-entrepreneurs, SASU, SARL, EI) qui contribuent donc à leur protection sociale et s'acquittent de cotisations fiscales comme le veut le droit commun, ou de particuliers, non déclarés, mais en mesure de « rendre service » en louant une chambre (Airbnb), un garage (CoStockage), prêtant un siège de voiture (BlaBlaCar) ou prêtant carrément leur voiture (Drivy) ou leur matériel (MonEchelle).

Du côté des consommateurs, il y a peu de nuance entre le fait que le prestataire soit un particulier ou une entreprise, puisque dans les deux cas, c'est l'ergonomie et la souplesse de l'offre qui le séduiront.

La plateforme est donc centrale dans le dispositif, et vient jouer un rôle d'agrégation des talents, de classement de ces talents selon de nombreux critères, de mise en relation entre le talent et le consommateur, d'encaissement du paiement, et enfin de reversement au talent d'une somme décidée à l'avance (somme qui tient compte bien entendu de la commission que la plateforme garde pour elle). C'est le modèle des places de marché qui s'affine, s'industrialise, se démocratise et commence à se rentabiliser après des décennies de tentatives infructueuses…

Là où commencent les problématiques, c'est lorsque la plateforme « dirige » de manière très marquée le travail de ses talents. Les talents sont et restent libres de répondre à la mission que la plateforme leur affecte, mais ils peuvent être rapidement contraints dans l'exécution des tâches, la disponibilité exigée, le cahier des charges à respecter en matière de tenue (port d'un costume par exemple pour les chauffeurs de VTC), en matière d'équipement (présence de bouteilles d'eau fraîche, là encore chez les VTC), ou bien dans les horaires minimum à respecter pour rester référencé sur la plateforme.

Les batailles juridiques n'ont ainsi pas manqué de se développer, initiées soit par un auto-entrepreneur estimant être en situation de salariat déguisé et s'en référant aux Prud'hommes, soit par l'Urssaf estimant être en droit de demander le paiement de cotisations sociales, soit encore par l'inspection du travail.

Pour bien comprendre le sujet, il faut d'une part s'intéresser au droit français et à la jurisprudence qui le complète, et d'autre part regarder dans les détails comment le quotidien est vécu entre une plateforme et ses affiliés.

En droit, les règles concernant le salariat déguisé sont assez simples. Selon une jurisprudence abondante et constante, la Cour de cassation a établi que « l'existence du contrat de travail ne dépend ni de la volonté des parties, ni de la qualification donnée à la prestation effectuée (salaires, honoraires, indemnités...) mais des conditions de fait dans lesquelles est exercée l'activité du travailleur ». Encore récemment, dans deux arrêts rendus en 2015[1], les juges ont estimé que les conditions de travail relevaient davantage de la subordination que de l'indépendance. Mais jamais les plateformes n'étaient impliquées dans ces débats judiciaires.

Les sept critères régulièrement contrôlés sont les suivants :

- Existe-t-il une indépendance opérationnelle, une subordination ? L'auto-entrepreneur est-il obligé d'obéir à des ordres précis, lui imposant la marche à suivre pour réaliser la tâche, et le sanctionnant en cas d'irrespect des consignes ?

1. Celui du 6 mai 2015, n° 13-27535 et celui du 15 décembre 2015, n° 14-85638.

- Existe-t-il ou non une indépendance matérielle ? L'auto-entrepreneur est-il obligé de se servir du matériel de la plateforme pour travailler ?
- Existe-t-il ou non une indépendance géographique ? L'auto-entrepreneur est-il obligé de se rendre sur un lieu de travail fixe ou imposé pour réaliser une mission ?
- Existe-t-il ou non une indépendance horaire ? L'auto-entrepreneur est-il obligé de travailler dans des créneaux fixes, réguliers, ou peut-il travailler quand bon lui semble ?
- Existe-t-il une indépendance économique ? L'auto-entrepreneur tire-t-il l'essentiel (voire la totalité) de ses revenus de son activité économique d'une plateforme, ou au contraire tire-t-il de multiples revenus de la part de plusieurs plateformes ?
- Existe-t-il une rémunération fixe régulière, ou bien existe-t-il une rémunération variable, basée sur les missions réalisées et sur des indicateurs de performance, établis clairement à l'avance ?
- Et enfin, existe-t-il un contrat de prestation de service, établi entre les parties et assurant une relation juridique claire et acceptée par chacun ?

Les règles de droit sont finalement assez claires, et si, dans des cas caricaturaux, la juridiction a pu requalifier en contrat de travail salarié une relation « commerciale », c'est bien parce que trois, quatre, voire cinq ou six de ces critères étaient d'évidence non remplis.

La question principale qui se pose tourne autour de la dépendance économique, car c'est de fait le seul critère à pouvoir être attesté de façon simple, totalement objective, par simple mesure du chiffre d'affaires réalisé par l'indépendant pour le compte d'une entreprise (qu'elle soit une TPE, une PME, une plateforme digitale, une industrie ou qu'importe...). Et dans ce sujet, la jurisprudence ne donne pas d'enseignements évidents, si ce n'est qu'aucune requalification n'a jamais été prononcée sur la base de ce seul critère. On pense évidemment à la centrale G7 des taxis parisiens, qui assure depuis 30 ans 100 % des revenus de nombreux taxis, et n'a jamais revu sa relation de donneur d'ordre à sous-traitant être requalifiée en contrat de travail ! La jurisprudence est plus prolixe à cet égard, mais elle retient les situations où les chauffeurs de taxis ont cumulativement[1] :

- passé un contrat de location d'un matériel de radio permettant de les localiser et de leur transmettre des informations relatives à la prise en charge de clients ;
- dû respecter les consignes et procédures relatives à l'exécution des courses radio qui leur sont attribuées par le central ;
- dû répondre à des convocations de la direction générale, du responsable de réseau ou de ses collaborateurs ;

1. Cour de cassation, chambre sociale, audience publique du mercredi 30 novembre 2011, N° de pourvoi : 11-10688 et 11-11173.

– dû accepter de la part des clients tout mode de règlement agréé par le loueur ;
– dû apposer distinctement sur le taxi le logo de la société loueuse ;
– dû accepter que la société G7 puisse reprendre le matériel à n'importe quel moment pour entretien ou réparation, exerçant ainsi un véritable pouvoir de contrôle unilatéral de ce matériel sans avoir à justifier de motifs préalables à cette intervention, privant ainsi le locataire du bénéfice de l'usage de ce matériel pendant toute la durée de l'entretien ou de la réparation, et donc de la possibilité de réaliser un chiffre d'affaires à l'origine de son revenu.

Dans le détail de ce qui est aujourd'hui appliqué par la majeure partie des plateformes, on est loin de ce type d'actions. Même chez Uber, les indépendants ne louent aucun matériel en direct, n'ont pas d'obligation de répondre à des convocations, ne doivent pas apposer le logo du réseau sur les véhicules, ne sont pas obligés d'accepter une mission, peuvent rester déconnectés pendant plusieurs jours… Ceci dit, les critères sont à examiner avec précision, car « le diable est dans les détails », et certaines situations posent là aussi question. Par exemple, le fait d'utiliser la technologie digitale développée par Uber pour se connecter et accepter une course est-il du même domaine que le fait de louer un matériel radio ? Le but final étant le même, est-ce que la sanction ne devrait pas être identique, quand bien même les moyens sont techniquement différents ? De même, le fait de respecter un cahier des charges précis, imposant le costume et les bouteilles d'eau fraîches, est-il de même nature que les consignes et procédures invoquées par la Cour de cassation contre G7 ? On peut ainsi continuer longtemps et évoquer le sujet des notations et du déréférencement, véritable pomme de discorde entre Uber et ses affiliés indépendants, qui vivent la note comme « une tyrannie » pour certains, et qui pourrait être jugée à terme comme une forme de sanction, ce d'autant que la note n'est pas transparente…

Faire évoluer le droit

Il faut se poser plusieurs questions en matière de droit social. La première touche évidemment à la définition du salariat déguisé : veut-on en donner une définition plus restrictive, pour faire en sorte que l'épée de Damoclès du risque juridique qui pèse sur les plateformes soit levée ? Ou bien veut-on conserver cette définition figée du droit, mais avons-nous conscience que les acteurs étrangers en auront peur, les investisseurs de tous bords les verront comme un repoussoir, les start-ups françaises qui pourront s'expatrier le feront si nécessaire, et les retombées fiscales ou sociales pour notre pays s'en feront ressentir…

Les pistes les plus audacieuses vont vers une libéralisation :

- en excluant par exemple toute requalification dans les cas de plateformes numériques ;
- en considérant que la présence d'un seul client ne serait plus un critère de requalification ;
- en acceptant qu'un accord clair signé par les parties l'emporte sur les critères de requalification ;
- en diminuant les sanctions encourues (45 000 euros d'amende, jusqu'à 3 ans d'emprisonnement pour l'employeur) ;
- voire en garantissant une présomption irréfragable d'indépendance dès lors que certains critères sont remplis (l'indépendant s'est immatriculé de lui-même auprès de l'INSEE, l'indépendant est libre de choisir ou de refuser une mission, l'indépendant n'a pas de clause d'exclusivité et peut travailler sur plusieurs plateformes, l'indépendant s'équipe lui-même de son outil de travail…). Le débat sur la présomption irréfragable reste très théorique dans la mesure où le juge pourra toujours, s'il le souhaite et s'il en est saisi, trancher en faveur d'une requalification…

Seuls les cas flagrants d'absence d'autonomie seraient ainsi pénalisés. Et les plateformes éviteraient les cas absurdes où l'indépendant, parce qu'il est bien noté, bon professionnel et prestataire régulier, peut légitimement demander une requalification en CDI, et ce alors qu'il n'a fait l'objet d'aucune subordination véritable à un potentiel employeur. Ce serait une forme de subordination volontaire et orchestrée par l'indépendant dans le but de « négocier » un CDI ou des indemnités de licenciement.

Il faut donc repenser le modèle, et se garder des extrêmes. Mais les pouvoirs politiques, très conscients individuellement de l'enjeu du sujet, sont relativement discrets. L'adresser publiquement, c'est agiter le chiffon rouge, et passer pour des ultralibéraux que les syndicats de salariés auront tôt fait de brocarder au prétexte qu'ils détruisent notre beau modèle social. C'est prendre un risque politique terrible (quand on voit par exemple la tension qu'a fait naître la Loi Travail). Et c'est surtout une forme de courage que peu d'élus partagent.

Pourtant, il y a urgence ! Les dirigeants d'Uber France ont brandi l'idée d'une fermeture de l'établissement, pour éviter justement ce que l'Urssaf vient de déclencher contre eux. L'enjeu est très important : cet organisme juge qu'Uber fait bien travailler ses milliers de chauffeurs en qualité de salariés puisqu'il existe un lien de subordination entre ces derniers et la plateforme. Il demande donc en conséquence que les chauffeurs soient requalifiés comme des salariés de l'antenne française de la multinationale américaine, et que celle-ci paie à ce titre les charges sociales les concernant. Deux procédures l'une devant le Tribunal des affaires de sécurité sociale (Tass), l'autre au pénal auprès du procureur de la République de Paris sont donc en cours et devraient mettre 4 à 5 ans avant d'aboutir, sans doute en Cassation… Cette décision fera sans nul doute jurisprudence et, selon l'avis final, c'est une flotte de 15 000 chauffeurs qui est requalifiable en CDI, tous opérateurs confondus.

Le financement du modèle social

L'autre sujet qu'il faut évidemment traiter, et qui n'est que le corolaire du précédent, touche à la protection sociale. L'émergence des plateformes vient modifier, peu ou prou, à très court ou court terme, la population rattachée au régime social des indépendants (RSI). Et l'incidence est d'importance.

Jusqu'alors, les indépendants « classiques » (artisans, commerçants, professionnels libéraux) qui étaient affiliés au RSI avaient de façon tacite choisi ce dispositif, l'ayant historiquement eux-mêmes créé pour répondre à des contraintes de population et de fonctionnement qui ne pouvaient pas être prises en compte par le régime universel. Mais l'émergence d'une population massive (qui fait doubler les effectifs du RSI à horizon 2020) change considérablement la donne. Les nouveaux affiliés ne voient dans le RSI (et dans la CIPAV qui traite la retraite des professions libérales) qu'une complexité supplémentaire, peu lisible en matière de gestion des droits, de recouvrement, de paiement des actes médicaux… Pire, ils ne conçoivent pas que leur protection sociale soit si différente selon qu'ils soient salariés ou indépendants (60 % d'entre eux cumulant le salariat et l'indépendance). Et c'est finalement cette dichotomie flagrante qui apparaît (pas de congés payés, pas de chômage, pas ou peu d'indemnités journalières, peu de retraite, pas de mutuelle, pas de garantie logement…) qui fait redouter l'émergence d'une population à deux vitesses.

Or, le problème central reste et restera toujours le financement. Il semble bien évident qu'avec un taux de charge d'environ 20 % sur le chiffre d'affaires dans un cas, et 45 % sur le salaire dans l'autre, le financement n'abonde pas à la même hauteur. Autrement dit, les indépendants tous régimes et statuts confondus, en ont pour leur argent ! Moins de charges, moins de protection !

Quelles sont les solutions ? On peut en déterminer au moins trois.

La première est de fusionner purement et simplement le RSI et le régime général, et de considérer que notre système par répartition fera en sorte que ceux qui payent plus financeront ceux qui payent moins. C'est une solution « à l'emporte-pièce », plébiscitée par de nombreux adversaires du RSI et qui a le mérite de prôner une forme de simplicité et de lisibilité. Une seule caisse, un seul interlocuteur, des droits identiques en matière de maladie et maternité. Des points retraite à comptabiliser de façon plus complexe mais rassemblés sur un seul organisme. Reste à faire accepter la fusion RSI/Régime général, et surtout auprès des fondateurs historiques du régime qui y sont très opposés

La deuxième solution est de ne plus compter les points et les droits en les attachant à une situation, mais en les attachant à une personne. C'est le fameux Compte Personnel d'Activité qui vous suit à vie, et incrémente en fonction de vos activités (qui peuvent être cumulatives) des points retraites, des droits au chômage, des droits à congés payés, des droits à la formation. On voit bien l'idée de départ, qui colle assez bien aux enjeux de l'économie collaborative, car elle suit admirablement les *slashers*. Mais elle n'enlève en rien la complexité masquée derrière le compte unique (qui compte les points ? qui prélève ? et combien ?)

La troisième est d'initier une réflexion sur le revenu minimum pour tous, versé aux citoyens de manière universelle (montant égal pour tous, sans contrôle des ressources ou des besoins), sur une base individuelle (et non aux foyers ou aux ménages) et de façon inconditionnelle (sans exigence de contrepartie). C'est un sujet sans fin, très polémique et très débattu en ce moment en Europe.

Un grand nombre de termes différents sont utilisés : revenu de base, revenu inconditionnel, revenu d'existence, allocation universelle, salaire à vie... La plupart de ces termes correspondent à la même chose, c'est-à-dire à un revenu distribué de manière inconditionnelle à l'ensemble des citoyens. Les différences entre ces dispositifs relèvent plutôt des finalités ou des montants envisagés, qui vont de l'équivalent du RSA jusqu'à 750 ou 1 000 euros par mois.

Pourquoi défendre le revenu de base ?

- Pour éradiquer la très grande pauvreté et simplifier notre système de protection sociale.
- Pour réduire la complexité du modèle sociofiscal.
- Pour fluidifier le marché du travail : si demain chacun est auto-entrepreneur, multi-actif, indépendant, si à l'alternance traditionnelle du chômage et du salariat se substitue un flux continu d'activité, combinant des moments de suractivité avec des périodes de sous-activité, le revenu universel pourra permettre de fluidifier les transitions.
- Pour diminuer les effets de seuil puisque cela permettrait d'éviter les effets de dégressivité du revenu de remplacement lors du retour à l'emploi.
- Pour redonner au travailleur des marges vis-à-vis de son emploi.
- Pour amorcer une société de l'après-emploi et de l'après-marchand, notamment associatif et non lucratif.

Si les raisons sont donc nombreuses de penser que le revenu de base est utile, la question de son financement crispe drastiquement les points de vue. L'approche par l'autofinancement semble valable (la réallocation du budget RSA, de l'Allocation spécifique de solidarité, des bourses étudiantes, des allocations familiales, des APL et des subventions pour l'emploi permettrait de dégager un revenu de base de 200 euros par adulte et de 60 euros par enfant). L'approche encore plus globale consisterait à y adjoindre aussi les budgets de l'aide sociale, du système d'indemnisation du chômage et du système de retraite. Il s'agirait ainsi de supprimer un ensemble d'allocations (allocations familiales, aides au logement, allocations retraite, allocations chômage, contrats aidés, mesures spécifiques pour les jeunes ou les chômeurs de longue durée…). Mais ce dispositif est très complexe à mettre en place, puisqu'une transition sera forcément créatrice d'inégalités importantes à situations égales…

Bref ! Sur ce point, comme sur beaucoup d'autres, il faut se heurter à la difficile mise en œuvre, et à son acceptation par la population.

Quel dialogue social pour demain ?

La dernière question en matière sociale qu'il faut se poser réside dans le dialogue social renouvelé. Faut-il améliorer les représentations ? *A priori*, et de toute évidence, le monde des indépendants grossit, mais ne bénéficie pas de la représentation qu'il devrait avoir sur le plan social car aujourd'hui, l'emploi, tel que posé dans le cadre institutionnel, c'est le travail salarié ! Et uniquement le travail salarié. Les indépendants en sont donc réduits au rôle de « fantôme politique »[1], et ce problème de représentation, à la fois syndicale, professionnelle et politique de cette nouvelle population devient criant.

Il faut dire aussi que ces nouvelles populations de travailleurs (ou d'actifs) sont peu enclines à se regrouper comme le faisaient les salariés à l'époque de l'émergence des syndicats :

- les parcours professionnels et le zapping entre statuts ou situations ne rendent pas naturel le recours aux instances représentatives ;
- les populations concernées sont très atomisées, voire individualistes dans certains cas ;
- le dialogue social français, concentré sur le travail salarié, n'appelle pas de ses vœux un nouveau syndicalisme, synonyme aussi de partage du pouvoir.

Pourtant, l'essor de l'économie collaborative va de pair avec l'explosion des demandes de prises de position des représentants des prestataires auto-entrepreneurs sur de nombreux sujets déjà évoqués plus haut, avec par exemple la question de la fixation des prix d'un commun accord avec les plateformes, ou encore l'épineuse question de la dépendance économique. Quelle que soit la

1. CNNum, « Travail Emploi Numérique : les nouvelles trajectoires », janvier 2016.

manière dont on discute, il faudra installer un dialogue d'un nouveau genre entre les plateformes et leurs utilisateurs qui y génèrent tout ou partie de leurs revenus, qu'ils soient auto-entrepreneurs ou non. Il s'agit d'installer des voies de discussion avec les parties prenantes.

Les sujets sont nombreux : comment fonctionnent les outils de notation et d'évaluation, comment ces notes peuvent être utilisées contre le prestataire, comment prendre en compte l'ancienneté, la ponctualité, la fidélité, l'exclusivité, le niveau des commissions pratiquées, les prix minimums, les politiques de sanction, l'assurance portée par l'indépendant et celle portée par la plateforme…

Sur le sujet, il est à la fois urgent et nécessaire de se fédérer vite et efficacement, pour poser les bases du dialogue social 3.0 dont la France a besoin pour progresser !

Conclusion

« France, mère des arts, des armes et des lois… », dirait Joachim Du Bellay, implorant sa patrie de statuer avec tact et réalisme sur une évolution du droit qui soit adaptée à notre nouveau monde économique. Il nous faut, chacun à notre manière, implorer nos responsables politiques de se saisir du sujet.

Courage, confiance ! Les entrepreneurs, les Français, les consommateurs, les actifs, les jeunes, les seniors attendent une réforme de fond qui simplifie la création de valeur, l'échange de services, l'apport de business, l'économie de proximité. Marre des dogmes hérités du temps où l'emploi était prolifique, et les caisses de sécurité sociale bénéficiaires ! Passons le cap !

5

L'économie du partage et la fin de la croissance

Interview vidéo

Bruno Haziza,
Co-fondateur
de SOS Jober

https://goo.gl/UPF2wo

- Pourquoi pensez-vous que les modèles de mise en relation directe entre offreurs et demandeurs vont prospérer ? Est-ce une solution au chômage ?
- Comment aider les « jobers » à construire une image, une « carrière », une employabilité ?
- Quels sont les principaux avantages pour les deux parties ?

Les fondamentaux de la société

Les marqueurs d'une société développée sont autant de vers luisants dans un chemin devenu obscur. Ils brillent encore mais on perd le sens de l'environnement et du chemin. Ils éclairent de plus en plus d'éléments qui deviennent de moins en moins accessibles.

Les sociétés développées sont marquées par la consommation à outrance, sans réflexion sur son sens et son impact, mais aussi par la propriété, cette étonnante volonté de posséder ce que l'on utilise, à la fois pour se positionner, se sécuriser, se reproduire et transmettre une part de soi. On retrouve toujours la même obsession d'immortalité chez les mortels, qui par le patrimoine souhaitent jouer les dieux, même quand ils ne croient pas.

Nos sociétés sont tout entières vouées à la démarcation sociale, la différenciation, notamment par la possession de biens, par leur taille et leur nombre. Leur utilité est relative, comme ces yachts qui sont utilisés quelques jours par an par leur propriétaire, comme ces biens acquis par les émirs d'États pétrolifères qui jouent au Monopoly pour tromper leur ennui à gagner un argent si facile (même si c'est moins le cas aujourd'hui). Ils dépensent des fortunes dans des biens qui n'ont d'autres fonctions que de marquer leur pouvoir puisqu'ils les utilisent si peu, voire jamais. C'est un bal de vanités, qui ne trouve de fin que dans la mort ou la maladie, qui elle, fait assez peu de cas du niveau de classe sociale auquel elle s'attaque ! La nature est délicieusement ou cruellement aveugle, selon la façon dont on voit les choses. Ce qui est surprenant, c'est l'aspect universel de cette quête de richesse. Elle est immémoriale !

L'autre marqueur, c'est la propriété. L'esclave romain n'avait pas droit à la propriété. C'est ce qui le distinguait du reste de la population, plus privilégiée et bien moins nombreuse. Le serf pouvait travailler mais pas posséder. Pour tempérer les ardeurs révolutionnaires de tous ces pauvres – qui représentent pour certaines personnes un mal nécessaire – on leur a donné le droit de posséder à leur tour, mais rarement les moyens. Comme disait Coluche, « les riches auront beaucoup de biens et les pauvres beaucoup d'envies ». Alors on a inventé la consommation bas de gamme, le hard discount, le pouvoir d'achat, afin de persuader les plus démunis qu'ils avaient accès à une partie du rêve collectif.

Les plus riches se distinguaient en ce qu'ils pouvaient non seulement posséder, plus facilement, plus largement, plus exclusivement. Cela les différenciait de ceux qui ne pouvaient s'offrir que l'usage. Les plus riches se distinguaient par un accès exclusif à la qualité, au luxe, au privilège, sans limitation.

Le numérique s'attaque à ces marqueurs, par choix ou par nécessité. Nous y reviendrons, le plus grand nombre partage par nécessité, une petite minorité partage par choix.

Tout d'abord, les codes du luxe s'offrent à tous, ou presque. Uber offre à une population dite « moyenne » les codes et le service réservés auparavant à quelques privilégiés : un chauffeur privé, en limousine, à disposition à tout moment, dans une voiture noire aux vitres teintées et ce, sans avoir à le payer mensuellement ni à l'avoir à sa charge de façon permanente. C'est l'accès en mode « SaaS » au luxe, sans avoir à l'assumer. C'est une révolution. Les plus riches se voient dépossédés d'un signe extérieur de leur privilège. Chacun peut ainsi, à défaut de posséder, utiliser ce dont il a besoin, quand il en a besoin. Ce qui est un luxe. Rien ne sert de posséder ce dont on n'a pas besoin très souvent. C'est d'ailleurs la source de développement des nouveaux modèles digitaux et la meilleure gestion de la surcapacité. Si un bien est sous-utilisé, mais qu'il intéresse potentiellement des millions de personnes, alors le digital met la machine à plateforme en route !

L'économie collaborative est donc un levier de développement de l'usage et de la réduction du gâchis lié à la consommation excessive. C'est ainsi un remède pour une planète qui meurt de se voir pillée de l'extraction de ressources nécessaires à une consommation débridée. Mais, en même temps, le modèle qui permet le partage d'un bien sous-utilisé, le rend surutilisé et donc obsolète plus rapidement. Son remplacement devenant nécessaire, l'industrie qui le produit ne meurt pas, puisqu'elle est toujours utile ! Mais cette production s'opère dans une quantité plus raisonnable, plus réfléchie.

L'économie collaborative redessine donc les repères anciens de la société et déplace le curseur du luxe vers d'autres horizons, donne un contenu à la notion de sens, restreint la nécessité de posséder, et rend dès lors les modèles plus souples et plus rapides face aux évolutions.

Pour choisir, il faut en avoir les moyens

Il y a deux catégories de population : ceux qui changent leur modèle de consommation par choix et ceux qui subissent une forte nécessité.

Pour ceux qui n'ont pas le choix, ce n'est pas l'économie collaborative qui change la société, c'est la nécessité qui alimente l'économie collaborative, qui à son tour peut devenir un modèle permanent et non plus un microphénomène de mode. C'est une réalité qui devient structurée et structurante.

L'économie collaborative devient pour cette population une occasion de réduire sa dépendance à une consommation propriétaire, au profit d'une propriété temporaire et d'un usage partagé. Cette population réduit le coût de sa vie afin de parvenir à en avoir une, plus décente, acceptable et source d'échange. L'économie collaborative a le pouvoir de donner à un individu isolé avec de faibles ressources, un statut de participant à la société des riches, à moindre coût, mais surtout un moyen de se fédérer avec ses semblables.

Et c'est cela qui pourrait être distinctif et révolutionnaire, à un terme peut-être proche. En permettant à ces individus de se regrouper, le numérique donne naissance à une force potentiellement colossale, quand on considère le nombre de pauvres dans le monde. Et si on élargit la définition de « pauvre » aux classes moyennes, en paupérisation permanente dans tous les pays, alors nous obtenons une force solidarisée, et non plus isolée, qui représente un pouvoir de partage et donc de consommation énorme, une capacité à se fédérer pour défendre des causes, un modèle, une vision, et finalement une force politique et économique.

Cette petite économie collaborative que l'on regarde de haut à cause du faible revenu que représente le partage de sa voiture, de sa perceuse ou de son vélo, peut devenir la première force politique mondiale en moins de dix ans. Un gouvernement mondial du partage de la valeur, créateur de richesse par le partage et le soulagement de sa pauvreté. C'est donc un phénomène à observer avec attention. Les malins et avisés, qui en seraient les animateurs ou les porte-parole, pourraient devenir des leaders mondiaux, universels par nature. La pauvreté pourfend les frontières et les langues, chacun peut se reconnaître dans l'autre et surtout, les outils permettant une fédération mondiale existent désormais.

Une économie collaborative en plein essor

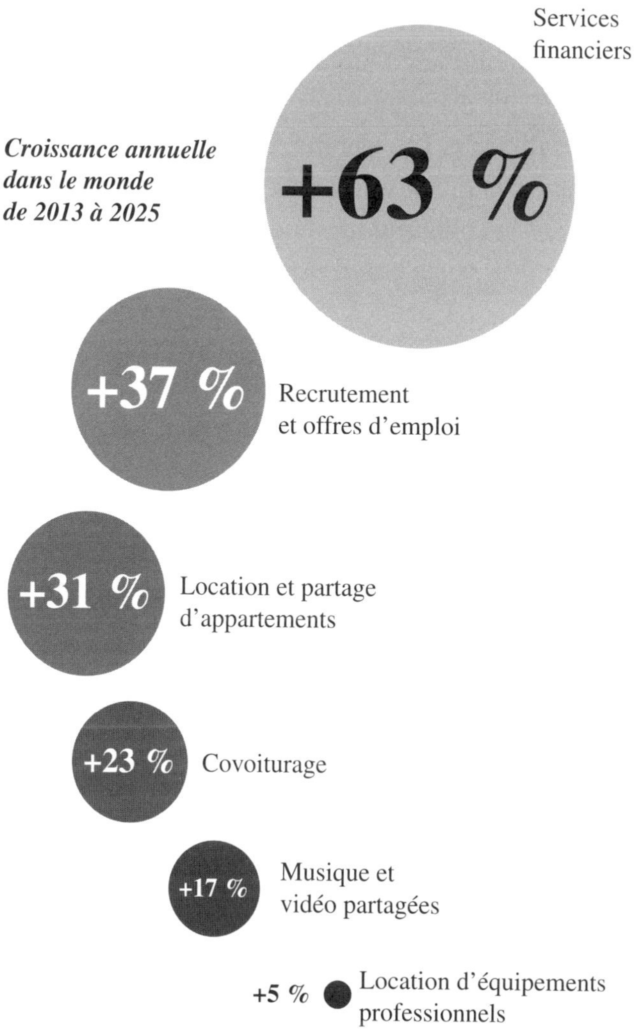

Pour ceux qui ont le choix, l'économie collaborative peut représenter une réalisation concrète et un substitut utile et efficace aux grands poncifs et conférences mondiales sur l'environnement, l'alimentation et la planète, qui excellent dans la promesse et pataugent dans la réalisation. L'économie collaborative donne à des producteurs vertueux un marché, et ainsi une pérennité. Elle fait de la solidarité un modèle économique, par son volume – il n'existe pas d'économie sans volume, sans taille critique – à cette différence que la taille critique exigée est plus faible pour un produit vendu dont la valeur est mieux partagée.

Cette économie a le potentiel de réformer notre alimentation, notre air, notre eau, de raccourcir les distances entre le producteur et le consommateur, de redonner de la vigueur à des terrains en progressive désertification, des communes en déshérence, des services en disparition. Cette économie a le potentiel de montrer une autre voie où le mieux-être remplacera le toujours plus, et la qualité, la quantité. Une utopie nouvelle, peut-être ! Transformer l'utopie en réalité nous appartient exclusivement. C'est une lourde responsabilité que l'on doit laisser au marché, aux acteurs, aux vertueux et espérer que le politique aura la sagesse d'y voir une perspective et non une menace.

La conjonction de ces deux populations (entre ceux qui le font par choix et ceux qui le font par nécessité), donnera naissance à un marché « commun », à un élan sans retour possible. Plus le marché poussera au remplacement de l'homme par la machine et plus ce modèle y puisera des forces supplémentaires.

Nous parlons bien là d'un changement de modèle. Les questions qui se posent aujourd'hui sont : à quelle vitesse ? Avec quel succès ? Pour quel volume ? Pour quelle conséquence ? Nous réservons ces réponses aux cinq prochaines années.

Ce nouveau système d'économie collaborative est amusant par son côté dual, intellectuellement en tout cas. Il franchit gaillardement les concepts théoriques des idéologies, qui ont tenté de bâtir des frontières entre les êtres, frontières censées refléter la réalité que le marché imposait. Ce nouveau modèle bouscule les frontières en démontrant qu'elles sont artificielles pour la plupart, et que certaines vérités trouvent à s'exprimer différemment selon l'état du marché et de l'humanité. Oublier que les grandes idées sont souvent les fruits et les esclaves de leur contexte de naissance est une aberration, une paresse intellectuelle. La rente existe aussi dans les idées, qui pour bien des idéologies, ne s'expriment que par des mots, une sémantique qui fait office de mur porteur pour des concepts vidés de leur contenu. L'économie collaborative fait la part belle au partage et à la solidarité, certes. Elle fait la part belle à un fonctionnement horizontal, donc plus démocratique. Elle se base sur un partage de la valeur. Oui. Elle est un peu collectiviste. Mais elle est aussi libérale, car mère d'autonomie, de marché (sans lequel elle ne peut fonctionner), d'innovation (sans laquelle elle est dépourvue des outils nécessaires à sa viralisation), et donc de libéralisme, car elle s'extrait des trop nombreuses contraintes dictées par l'État centralisateur pour valoriser l'initiative spontanée non réglementée.

Potentiellement force politique, l'économie collaborative pourrait devenir une force mondiale qui renverserait nombre de pays sourds à son développement. Nous pourrions voir des modèles sans frontières prendre l'ascendant sur le modèle centralisé que chaque État pousse à construire, avant tout pour préserver ceux qui les mènent et les contrôlent. Les dirigeants politiques les plus machiavéliques détestent la responsabilité chez l'être humain, car l'autonomie est l'antidote à leur existence et leur rente. Ils préfèrent un homme malade et dépendant, qu'éveillé et en bonne santé. L'économie collaborative porte en son sein une nouvelle forme de libération de l'être humain. C'est la fin d'un servage, qui a conduit, par la collusion des puissants, à la disparition du petit au profit d'une règle collective censée être porteuse de vertus, mais qui l'est en fait de contrôle aisé de l'humanité par ceux qui en ont besoin.

À quoi ressemble cette économie collaborative ?

En France

Nous avons des entreprises que nous rattachons volontiers au secteur collaboratif du covoiturage, des places de parking, du stockage, de la location de matériel entre particuliers. Les Blablacar, Credit.fr ou Lendix, les Vestiaire Collective, e-loue, CoStockage, JeMoove et même Le Bon Coin, en sont des exemples.

Cela signifie que ces sites sont pilotés par des entreprises commerciales, avec un modèle économique, des actionnaires, des profits recherchés, des levées de fonds. Et cela prouve bien que pour imposer ou du moins assurer la place à ce type de modèle, il faut lui donner les moyens de la pérennité. La vie économique dépend du dieu argent et cela n'a rien de choquant, au contraire.

Il existe également des organisations plus proches d'un modèle associatif pour certaines, et totalement dans un rôle d'impulsion, de soutien, de relais de communication et de réflexion, pour d'autres. OuiShare, par exemple, est une association qui fait la promotion, dans le monde entier, de nouvelles pratiques de partage, de solidarité, de coopération entre les individus, afin de les rendre maîtres de leur destin et de ne plus attendre que des autorités centralisées réalisent que le moment est venu.[1] La Ruche qui dit Oui est un autre exemple. Son envie, son but, est de nous rendre acteur du changement radical et rapide que nécessite notre alimentation. Leur slogan est très clair : « Rassemblons-nous pour acheter les meilleurs

1. Son activité est parfaitement décrite sur son site internet, et tout est prévu pour mettre en commun les expériences, les décliner et les adapter dans le monde : www.ouishare.net.

produits aux agriculteurs et aux artisans de nos régions. » La Ruche rapproche le producteur de produits de qualité – mais qui exigent une passion, une envie, une « religion » de la qualité et du naturel, et entraînent souvent des prix plus élevés – et les consommateurs, en supprimant les intermédiaires, ce qui permet une économie, qui par ricochet, met les produits qualitatifs à portée financière des plus modestes.

Ces organisations incitent aussi à la rencontre, car elles ont compris que dans ce processus, l'interaction est une encre qui s'avère indélébile dans l'âme humaine. Rencontrer, créer la relation interpersonnelle garantit la mémoire, la fidélité, la récurrence, qui sont les bases qu'un investisseur, notamment, pourrait trouver assez suffisantes pour y investir de quoi alimenter la réussite de ces initiatives. C'est là que la frontière s'efface entre l'économie collaborative et l'économie sociale et solidaire.

À l'étranger

Une enquête menée par ING en juillet 2015 auprès de 15 000 consommateurs dans 15 pays révèle l'effet profond que les technologies de partage pourraient avoir sur les économies dans le monde entier, avec une accélération à venir dans les prochains mois.

Par exemple, environ un tiers des personnes en Europe ont entendu parler de l'économie de partage. Toutefois, la participation réelle dans l'économie du partage est beaucoup plus faible, ce qui suggère que les gens vont se familiariser avec le concept et passer très prochainement à l'action.

Autre enseignement : les « partageurs » sont généralement plus jeunes (moins de 35 ans) et sont bien éduqués. Ils ont tendance à être ouverts aux nouvelles technologies de paiement et disent que l'activité économique qui en découle a amélioré leur revenu dans les trois derniers mois. Airbnb a fait la Une des journaux partout dans le monde comme une force perturbatrice du modèle de logement traditionnel. Il est en réalité un modèle parmi de nombreux autres modèles de partage d'une chambre, ce qui pourrait expliquer pourquoi le logement de vacances est le bien que les propriétaires en Europe sont les plus susceptibles de partager. En outre, presque la moitié – soit 49 % – des propriétaires d'hébergement envisagerait de le partager contre rémunération.

L'économie du partage représente encore un petit revenu. La grande majorité des gens en Europe qui ont partagé quelque chose qu'ils possèdent ont gagné 1 000 € ou moins en 2015. Le besoin d'économiser de l'argent joue fortement sur la consommation de biens et services dans l'économie du partage, puis le fait qu'il soit bon pour l'environnement est également influent, comme le fait que c'est un moyen facile de faire de l'argent supplémentaire.

Des trois déclarations négatives sur l'économie de partage, celle qui dit « Je n'aime pas le fait que d'autres personnes utilisent mes biens » a le plus haut niveau d'accord dans l'Europe. Les soucis d'assurance sont également répandus, notamment en Espagne. La confiance dans la qualité du bien partagé est une préoccupation moins répandue, mais monte à 50 % en Autriche, Pologne, Turquie et aux États-Unis.

L'économie collaborative ne fera bientôt plus rire personne et cessera d'être considérée comme cette économie amusante, faite pour les « hippies du XXIe siècle » passionnés d'ashrams et du « joint » partagé pour voir la vie du même rose.

On évalue que cette économie représenterait 325 milliards de dollars en 2025.[1] Gageons que la vitesse sera bien plus rapide que cela, sachant que nous parlons d'une croissance de près de 25 %, voire plus, dans tous les pays, émergents ou émergés.

Bien entendu, les États-Unis sont comme toujours les pionniers, car les investisseurs financent largement cette économie, qui n'est pas nouvelle mais bénéficie d'outils inédits. L'idée du partage des biens, par nécessité ou choix, par choix politique revendiqué ou réalisme sur le développement durable existait déjà. C'est une vieille idée, tenace, qui revient en force, au bon moment, pour apporter un remède possible à une société qui ne peut avoir la consommation comme seule religion et l'oubli

1. PWC, « The Sharing Economy », septembre 2014.

pour unique mission. Il ne peut s'agir d'oublier le mal que nous produisons en sacrifiant tout à une course en avant dénuée de raison profonde.

Tous les secteurs sont testés aux États-Unis comme ailleurs. Mais les États-Unis le font plus vite, plus fort, plus grand, comme toujours ! Dans le financement, on trouve Lending Club (qui a été fondée par un Français débarqué injustement depuis) et Prosper par exemple. Sur le secteur du logement, on ne présente plus Airbnb, VRBO, Couchsurfing. Du côté des voitures, ce sont Flightcar, Zipcar et tant d'autres. Même les bureaux sont révolutionnés avec le développement du coworking : Paul's CoCo, The Coop, Austin's Link Corworging ou Work, montée par un brillant entrepreneur d'origine israélienne. L'infographie ci-dessous donne une représentation assez précise et exhaustive de tous les modèles existant à ce jour aux États-Unis. 7 % de la population américaine sont des fournisseurs de cette nouvelle économie[1].

Il en est de même en Chine, où la filiale d'AliBaba vient concurrencer le paiement qui était centralisé par les banques auparavant, ubérisant ainsi le secteur financier, du haut de ses dizaines de milliards de dollars de chiffre d'affaires, tandis que des sites comme Auto Rickshaw ou Jugnoo poussent fort en Inde. De leur côté, 87 % des Indonésiens approuvent l'économie collaborative et sont prêts à jouer le jeu soit en l'utilisant, soit

1. PWC, « The Sharing Economy », septembre 2014.

en mettant à disposition un bien dans les réseaux de ces sites internet.

Le logement collaboratif par exemple a généré 15,1 milliards d'euros de transactions en 2015 et rapporté 1,1 milliard de recettes aux plateformes du secteur, selon une étude de PWC, soit deux fois plus que dans le crowdfunding et dans le transport et près de 8 fois plus que pour les services ménagers sur demande. Loin derrière, les services professionnels sur demande représentent quant à eux 750 millions d'euros de transactions et seulement 100 millions de recettes pour les acteurs de ce marché.

Les plateformes spécialisées dans le transport partagé génèrent cependant plus de 1,6 milliard d'euros de recettes, soit 500 millions de plus que les professionnels du logement collaboratif. Le financement participatif ne représente que 250 millions d'euros de recettes pour les plateformes qui se sont lancées dans ce business.

Des différences avec la France ?

Entre la France et les pays étrangers, il y a peu de différences. Bien entendu, une population jeune, large (dans nombre de pays émergents, les jeunes de moins de 25 ans représentent plus de 55 % de la population) et encore peu argentée, utilise à plein ce système et constitue une cible très réceptive et massive pour une start-up, et donc pour ses investisseurs.

Partout le plébiscite est important et les sondages réalisés à travers le monde démontrent l'envie de tester, d'utiliser, de faire grandir cette économie. Nous pouvons donc, en moins de dix ans, modifier radicalement nos modes de consommation, de façon universelle, dans tous les pays. C'est une excellente nouvelle, car cette forme d'universalité poussera à l'échange, amènera le volume, la taille critique, qui permettra de pérenniser le système et de s'assurer qu'il ne soit pas une utopie sans lendemain.

L'essor de la Sharing Economy

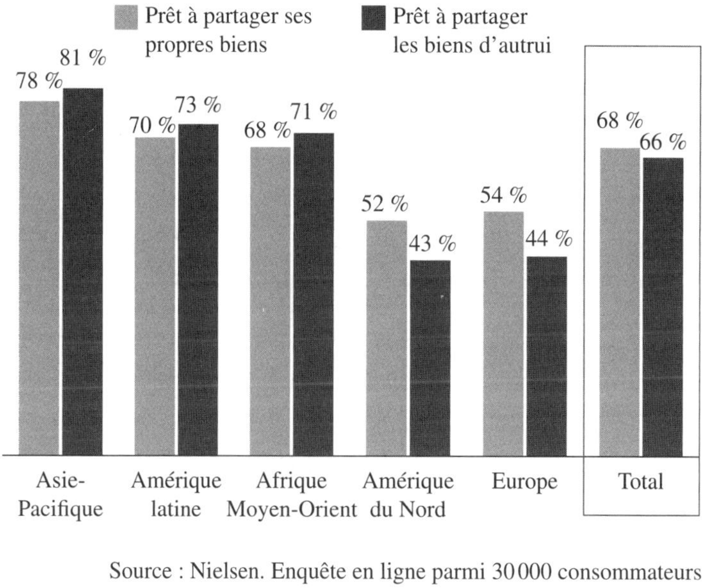

Source : Nielsen. Enquête en ligne parmi 30 000 consommateurs provenant de 60 pays, conduite au 3e trimestre 2013.

Conclusion

Il faut bien distinguer l'économie collaborative de l'économie dite digitale. Nous parlons de modèles bien distincts, d'acteurs bien différents et d'impacts parfois éloignés. Le mode collaboratif ne s'exprime pas uniquement commercialement. Il n'a pas forcément une visée financière, celle d'un profit à un terme plus ou moins long. Souvent, les plateformes commerciales ne font pas de profits, mais elles le recherchent, désespérément parfois, et très longtemps !

La première fonction de l'économie collaborative, c'est un « échange pour un mieux », un partage pour un plus. Plus de planète, plus de qualité, plus d'environnement. Ou pour un moins, moins d'émission, moins d'artifices, moins de coûts, moins de gâchis. C'est donc toujours « plus ou moins » bien, mais souvent mieux !

Il est souhaitable que les modèles issus de cette nouvelle économie soient gérés comme des entreprises, avec une finalité peut-être différente, des structures juridiques et capitalistiques éventuellement différentes. Un profit basé sur un modèle vertueux assure la pérennité et crée une richesse de plus, qui peut être partagée différemment.

Ce modèle est une des voies d'entrée vers une économie du partage de la valeur, la valeur créée ou la perte évitée, une valeur collective en tout cas qui va bénéficier à tous. On comprend alors mieux pourquoi les technologies du blockchain sont aussi plébiscitées. Elles sont les enfants du même concept horizontal, «*flat*» dirait Jeremy Rifkin[1], sans hiérarchie, mais basé sur un partage de l'information, un modèle qui tire sa force du fait que personne ne le possède car tout le monde en possède une part égale et en partage les fruits plus équitablement.

Si ces modèles, alimentés par un mode de pensée identique, une philosophie similaire, poussés par une technologie disponible et peu coûteuse, permis par la conjonction d'une prise de conscience pour certains et de la nécessité pour beaucoup, prospèrent de façon conjointe, alors oui, la société pourra s'en trouver modifiée dans ses plus profonds fondements.

Nous verrons alors s'affronter deux modèles totalement différents :

- celui de l'hyper-capitalisation, concentrée sur la création de géants mondiaux, les «ogres» qui voudront dévorer la planète, contrôler la data, l'intelligence artificielle et maintenir un système centralisateur,

1. Jeremy Rifkin est un essayiste américain, spécialiste de prospective économique. Il a travaillé en particulier sur l'impact des technologies nouvelles sur le travail. Il prétend que les emplois vont évoluer soit vers des emplois très qualifiés soit vers des emplois peu qualifiés et peu payés. Il estime qu'il faut, dans un nouveau contrat social, partager le travail existant (semaine de 30 heures de travail) et compenser les emplois perdus (que le secteur marchand ne suffit plus à fournir) en développant un «tiers-secteur» non-marchand.

en tout cas un système qui donne à des acteurs un pouvoir concentré et donc pyramidal ;

- celui du collaboratif, qui va partager de façon horizontale la valeur, la donnée, et refuser ce qui vient du haut, par principe et par méfiance, pour imposer un nouveau fonctionnement et une résistance à un système souvent subi plutôt que choisi.

C'est l'issue de ce combat qui est incertain : même si l'un des modèles a le pouvoir de l'argent, l'autre a le pouvoir de la masse. Bien malin qui pourrait prédire de façon certaine qui l'emportera. Dans tous les cas, il faudrait que ce soit le mieux et le bon sens !

6

Comment ubérise-t-on à l'étranger ?

Interview vidéo

Nathalie Chiche,
Médiateur de la transition numérique

https://goo.gl/fdlKx3

- Est-ce que le blockchain, avant d'être un outil, pourrait être un levier de démocratie ?
- La médiation, notamment préventive, est-elle la preuve que l'accord des individus est plus important que des lois ?
- Comment la médiation peut-elle être l'outil d'une ubérisation heureuse ?

Un siècle numérique

La vague submerge. Elle est identique en tout point du globe et seuls certains Inuits ou Indiens d'Amazonie sont à l'écart (et peut-être à l'abri) de notre révolution numérique. Notre Indien, qui garde la terre et la nature comme boussole, comme divinité et fait de son équilibre une obsession, serait bien démuni devant une telle vague, lui qui résiste à l'ubérisation de sa culture par l'homme dit « civilisé ».

Malheureusement la nostalgie et la raison ne sont plus à la mode depuis que le progrès est devenu religion, et que se pencher sur les avantages d'une osmose avec la nature a été démodé par l'impératif besoin de la remplacer et de prétendre en être les maîtres. L'écouter serait passif et rétrograde, la domestiquer serait indispensable pour passer du statut d'esclave à celui de maître, avec le résultat brillant que l'on constate en analysant la nourriture que nous mangeons, l'air que nous respirons et le niveau de la mer que nous augmentons aussi sûrement que nous voulons le faire avec les hommes. Nous sommes les maîtres d'un carnage sous certains aspects. Mais gardons à l'esprit la capacité qu'a souvent eu l'homme à rebondir et à retrouver un peu de lucidité, lorsqu'il était au fond du gouffre. Et n'oublions pas que des milliers de chercheurs et investisseurs, entrepreneurs et associations travaillent à faire de la technologie un outil à réparer les dégâts, avec des chances raisonnables de succès.

En attendant, le smartphone règne en Maître absolu et chaque habitant de la planète est prié de devenir un consommateur connecté. La percée que le téléphone a réalisée, surpassant l'ordinateur comme moyen de connexion à internet, entraîne des changements fondamentaux dans la façon d'aborder l'expérience client, la navigation et le rapport au temps. Plus encore que l'ordinateur, il dicte une obligation de facilité, d'immédiateté, de rapidité et fait de chacun de nous un consommateur infidèle, impatient et gourmand. Nous comparons, nous nous positionnons en fonction de ceux qui nous ressemblent, nous attachons une plus forte importance aux notations et à l'expérience qu'aux marques. Nous répondons à des stimuli permanents, qui poussent à l'action mais assez peu à la réflexion. Bref, nous changeons et de façon uniforme, sur toute la planète. C'est certainement l'impact le plus marquant de cette révolution numérique, si l'on peut encore appeler révolution un état désormais permanent de changement profond.

La planète devient si petite que chaque habitant peut et cherche à s'identifier à des référents majoritaires. Une fois encore, mais de façon incertaine, le modèle occidental, par ses codes, son avancée et sa portée, semble l'emporter. Il reste prédominant et pourrait l'être définitivement. Malgré de fortes résistances nationales, en Chine, en Corée, en Russie, on voit bien qu'il est plus fréquent pour une Japonaise de se faire débrider les yeux que le contraire, et les stars de référence, qui font rêver la génération qui pousse, sont clairement américaines. Tant que le cinéma américain et sa musique seront prédominants, une large partie des tendances de consommation seront de la même couleur ! Bien entendu, la Corée est très en avance sur les usages du digital, mais elle n'impose pas sa culture au monde, seulement ses produits (Samsung en tête) pour la véhiculer.

De son côté, la Chine a Alibaba, Telcen et même un plus gros que Uber, Didi Chuxing, dirigé par une jeune femme. C'est ici que l'on trouve la plus grande société de BTP au monde (mais 80 % de ses revenus viennent de Chine). La Chine retrouve le chemin qu'elle menait déjà au début du XIXe siècle, celui qui lui assurait le plus important PIB mondial. Mais elle règne sur son univers seulement et n'a pu, à ce jour, conquérir le reste de la planète. C'est à cela que l'on mesure la suprématie d'un modèle. La Chine grossit mais personne ne rêve d'être Chinois. Les États-Unis stagnent, mais nombre de personnes dans le monde rêvent d'y partir, d'y rester ou de ressembler aux héros qu'ils fabriquent. Ils donnent les tendances encore aujourd'hui.

La Russie a quelques géants du net. À nouveau, elle a résisté à la domination américaine, mais a été incapable d'imposer la sienne. La Russie ne fait pas rêver non plus. Et pourtant, elle compte quelques beaux géants, comme son moteur de recherche notamment. La force de l'investissement militaire s'est mise au service d'innovations civiles et business, comme en Israël. D'ailleurs, nombre de programmeurs de génie ont émigré en Israël, contribuant à faire de ce petit pays en superficie, un géant en matière de recherche et de développement. Israël a plus de sociétés cotées au Nasdacq que tous les pays européens réunis. Une large partie des innovations que l'on attribue aux Américains vient d'Israël. Et la proximité de ces deux pays (États-Unis et Israël) permet une « infusion » permanente dans l'économie américaine d'innovations majeures, auxquelles les États-Unis donnent le financement nécessaire et le marché le plus mûr au monde.

Les marchés adoptent les nouvelles technologies avec un niveau divers selon les pays. Si tous les particuliers les adoptent, la vitesse n'est pas la même pour les PME, notamment en France. Nous avons un tissu de très petites entreprises, dont la taille rend difficile la compréhension, les moyens et les débouchés sur leur terrain d'activité[1]. Mais de façon générale, et ce phénomène est nouveau, ce sont les particuliers qui sont la cause de l'accélération des nouveaux usages et non le contraire. Ils mènent la danse, en créant des communautés massives, qui testent et révèlent de nouveaux usages.

1. Selon la 61e édition du Baromètre des TPE réalisée par l'IFOP pour le compte de Fiducial auprès des Très Petites Entreprises, 55 % des patrons ont de l'intérêt pour la transition numérique.

Les pour, les contre, les inquiets

La génération passée est celle du Bon, de la Bête et du Truand. La nouvelle, celle des Y, fait son chemin entre trois regards différents sur l'impact du digital, des nouveaux usages et sur nos contemporains.

Les pour, par choix

Les premiers ont la volonté, les moyens, l'ambition, souvent le pouvoir d'utiliser le digital au maximum de ses possibilités. Ils sont investisseurs, entrepreneurs, grands groupes ou simplement « geeks », de l'espèce des « *early adopters* ». Ce sont ceux qui accepteront, par sacrifice à la nouveauté ou à la facilité, d'être les premiers à tester un nouveau concept. Ces geeks sont les mêmes dans tous les pays. Ils répondent à des codes identiques et la nouveauté leur tient lieu d'idéologie.

Les investisseurs et entrepreneurs sont les mêmes partout sur la planète. Ils peuvent, accessoirement, vouloir défendre une cause qui leur est chère et lui donner une « couleur » particulière, mais leur ambition, leur volonté de réussite, leur volonté d'être mondiaux, qu'ils y parviennent ou non, est la même quelle que soit leur couleur de peau.

La technologie n'a pas d'odeur, elle non plus, comme l'argent qui la finance et la propulse. Cette donnée est universelle. Le culte de la start-up est omniprésent, voire ridicule parfois… mais ils sont pour, parce que c'est neuf, ça bouge, ça disrupte !

Les pour, par nécessité

Puis il y a les pour, par nécessité : ceux qui font l'ubérisation, les chauffeurs et les cyclistes, les auto-entrepreneurs et les freelances. Ce sont notamment les exclus de l'emploi, qui trouvent dans ces activités propulsées par le digital, une chance d'améliorer leurs revenus. Une large partie plébiscite ces activités et ne s'estime pas paupérisée du tout. Et on ne voit guère de différence entre la France, l'Allemagne, les États-Unis, la Chine ou l'Inde. L'Afrique est encore un peu en deçà, mais elle arrive. Une partie d'entre ces travailleurs de l'ubérisation se rebelle, une minorité en vérité, mais visible et entraînée par des « pro ». C'est le cas aux États-Unis, où les VTC sont poussés à la procédure judiciaire par des activistes qui, au passage, gagnent un paquet d'argent, intéressés qu'ils sont au résultat de ces procédures. La plupart ne l'auraient pas cherché spontanément.

Dans les pays émergents, la percée des VTC, pour ne prendre que cet exemple, suit un chemin différent. Les prix de ce service sont déjà très bas pour la plupart, mais le taxi traditionnel marocain, indien ou sénégalais est souvent sale, mal équipé, bondé. Les expatriés et les plus riches ont un chauffeur et la classe moyenne est encore de taille modeste. En revanche, dans des pays comme la Chine, la masse de la population est telle que même une classe réduite suffit à alimenter un marché conséquent. Mais il y a rarement dans ces pays une violence juridique aussi forte qu'en France, car la législation n'est pas aussi aboutie (rigide diront certains, complexe diront d'autres). Dans les pays émergents, la population, même diplômée, ne trouve souvent pas d'emploi. Elle est jeune et frustrée par ce manque d'opportunités professionnelles. Une partie de cette population a été intégrée par le phénomène « d'outsourcing[1] » des années 2000, années pendant lesquelles les jeunes étaient embauchés par des *call-centers* en pleine croissance. Alors la solution du digital et de ces emplois par milliers reste séduisante pour beaucoup. Elle a le vent en poupe. La différence à nouveau est faite par les gouvernements, qui tentent de trouver des moyens de privilégier les acteurs locaux, quitte à interdire ou discriminer les sociétés occidentales.

Les pour, par stratégie

La Chine en est un exemple frappant. La bienveillance, voire l'aide dont bénéficient les acteurs principaux du numérique, reflète une pensée hégémonique, qui a compris que l'un des atouts principaux dans la compétition mondiale était d'avoir des acteurs forts du numérique, des entreprises à très forte croissance, capables d'alimenter la machine à croissance dont le pays a besoin

---

1. Ou externalisation : sous-traitance des activités jugées non essentielles et non stratégiques par une entreprise (*call-center*, service clients, infogérance, mailing…).

pour faire monter progressivement le niveau de vie d'une population encore pauvre, et éviter tout débordement. La Chine a de communiste les drapeaux, les symboles et le discours officiel, l'intransigeance, la dureté et le dirigisme. Pour le reste, c'est certainement à ce jour le pays le plus capitaliste au monde.

Pragmatique, la Chine, qui a une histoire centrée sur elle-même et refusait de courir le monde, a décidé de rester centrée sur elle-même mais en élargissant son centre de gravité. Acquisition de sociétés partout dans le monde, de terres, de ressources, sans aucune volonté de mixité ou d'intégration. Les Chinois échangent des visas et des terres contre du développement local pas cher, à leur seul profit et sans aucun état d'âme. L'Afrique peut en témoigner, pillée qu'elle est par la Chine après avoir été tondue par l'Occident. La Chine retrouve ainsi la place qu'elle occupait au début du XIXe siècle, date à laquelle son PIB était le plus important au monde.

Aujourd'hui, quand Jack Ma, président d'Alibaba, met à mal le système bancaire en élargissant son business aux modes de paiement, la Chine laisse faire. Elle a compris Schumpeter avant les Français et a également compris que diviser les pouvoirs était un atout pour mieux régner. La plupart des GAFA doivent, en Chine, plier ou partir. Ils doivent partager, s'associer, transférer, pour avoir droit au Graal de l'économie mondiale avec ses presque 2 milliards de consommateurs. En 2015, le e-commerce représentait environ 600 milliards de dollars de chiffre d'affaires, de quoi pousser les acteurs étrangers à la souplesse. La Chine ne s'embarrasse pas des précautions sémantiques et législatives que nous prenons en Europe au détriment de nos propres acteurs. L'Europe, qui se gargarise d'être le plus grand marché mondial, n'a aucune chance de rivaliser avec la Chine, tant la mollesse de ses élites, pour qui le droit est plus important que la réussite économique, tranche avec le cynisme des Chinois. Le jour où nous aurons, par détresse, compris qu'un combat se faisait à ruse égale, il sera trop tard.

L'ubérisation n'existe pas en Chine, car le système laisse le numérique être un outil de domination absolue.

Les contre, par frilosité

Les contre sont les mêmes dans tous les pays. Les politiques sont en première ligne – c'est d'ailleurs le seul domaine dans lequel ils sont encore classés premiers ! Berlin, New York ou Paris se trouvent ainsi liés par la même attitude réactionnaire, au sens « non réfléchi » du terme. Ils cèdent vite aux pressions, aux lobbies, et il est intéressant de voir que le réflexe est le même dans des pays de cultures différentes, libérales ou conservatrices, de droite ou de gauche.

Aucun n'a vraiment d'avis éclairé sur le sujet. La différence est dans l'issue. Jamais un pays comme les États-Unis ne laissera au final couler une activité qui lui assure une domination mondiale. Airbnb ou Uber pourront être attaqués, oui, mais anéantis, jamais. Il y aura toujours un « *happy ending* », qui coûtera quelques millions ou dizaines de millions de dollars, le prix de la satisfaction de toutes les parties. Il n'y a pas de contestation qui ne s'efface derrière une bonne transaction.

Nous avons tous entendu ces flash infos qui analysent en « profondeur » l'actualité au journal de 20 h. En moins de 30 secondes, une information, présentée comme majeure, vous est délivrée, sans présentation, explication ni analyse. Vous retenez ce que l'on souhaite que vous reteniez. C'est dans ce cadre intellectuellement abouti que nous avons suivi les actions menées pour requalifier l'activité des VTC en contrats de travail, en Californie notamment. Ce que vous savez moins, c'est que c'est l'œuvre d'activistes, dont c'est pratiquement la profession : des chasseurs de prime, qui déclenchent une action collective, sur le résultat financier de laquelle ils sont intéressés la plupart du temps. On ne parle donc pas véritablement de mouvement idéologique ou réactionnaire, de volonté à tous crins de faire rentrer la nouvelle économie dans les règles de l'ancienne, comme en France. Il s'agit de gros sous. Et sans surprise, cela se règle avec le chéquier à la main. C'est ce qui s'est passé avec Uber en Californie.

Les contre, qui pourraient être pour

Nul ne sait si l'Europe est pour ou contre. Elle est composée de politiques et de technocrates, qui n'ont pas plus d'idées à 28 (moins le Royaume-Uni désormais ?) qu'ils n'en ont seuls. La somme de chiffres nuls donne toujours zéro. C'est mathématique. Il n'y a aucune politique européenne du numérique, cela rend plus simple le constat. L'essentiel du débat se porte un peu sur la « data » et son éventuelle protection, sur la neutralité du net et sur la fiscalité. L'Europe, à défaut de pouvoir harmoniser la fiscalité des États, a décidé d'harmoniser ou de corriger celle des contribuables. C'est plus simple. Semblant ignorer que les sociétés du numérique, comme les sociétés non digitales d'ailleurs, ne font que profiter de failles que l'Europe n'a su combler, elle raccommode sur le terrain un ouvrage qu'elle n'a su bâtir.

Il n'y a pas de volonté affichée de créer des géants européens. Pas de politique harmonisée, même à quelques-uns, pour faire autre chose que de digitaliser le matériel, faire du e-gouvernement, bref des étapes qui paraissent préhistoriques si l'on considère l'état d'avancement des technologies.

Il y a assez peu d'exemples en Europe, de tentative d'interdiction, de déclaration préalable ou de fiscalisation de l'économie numérique. L'exemple d'Uber[1] en Allemagne laisse cependant songeur, ce pays ayant réussi à purement bloquer toute tentative de développement sur

1. « Uber : 9 pays qui refusent de laisser le volant à la startup », *Huffington Post*, 22 août 2015.

le territoire. Airbnb est pour sa part définitivement interdit à Berlin[1].

En Chine ou en Russie, à nouveau, les politiques nationales tentent de trouver des moyens, souvent à peine détournés, d'interdire ou de privilégier des acteurs nationaux. Parfois se mêle à cela une volonté de contrôler l'information, le flux, la liberté des acteurs de diffuser un contenu libre.

Les contre, par principe

Il y a les contre, par principe, paresse et habitude. C'est l'apanage des pays corporatistes, qui ont préféré la paix par la distribution des privilèges, à un marché considéré comme dangereux et nauséabond. Mieux vaut une inégalité d'État qu'une compétition issue du marché. La France fait partie des pays qui ont organisé la société en poches féodales et il existe assez peu d'équivalent dans le monde. Dès lors, les résistances sont plus fortes chez nous qu'ailleurs.

Néanmoins, quelques villes ont décidé de coordonner leur politique sur certains sujets, le logement notamment. C'est ainsi que des discussions entre Paris et New York se font autour du sujet Airbnb. Des législations voient

---

1. Depuis le 1er mai 2016, la ville-État allemande interdit les locations d'appartements aux touristes sur les plateformes comme Airbnb, sous peine pour les loueurs de se voir infliger une amende de 100 000 euros.

le jour, qui interdisent ce système en deçà ou au-delà de certains seuils de jours d'occupation ou de revenus générés. Mais elles finiront par craquer. Autant un État fédéral peut envisager d'avoir une législation différente d'une ville à l'autre, parce qu'elle n'appartient pas au même État (la fiscalité et de nombreuses lois ne sont pas les mêmes à New York, Miami ou Dallas), autant cette différence va être difficile à tenir en France, du fait du principe d'égalité constitutionnelle qu'impose notre modèle. Mais de façon plus pragmatique, dans des centres urbains confrontés à quatre problématiques principales (celles du coût du logement, d'une faible croissance, de la baisse du pouvoir d'achat et de la capacité hôtelière pour accueillir un nombre de touristes croissants), il sera impossible de refuser à New York ce qui est permis à San Francisco ou à Seattle. Le consommateur l'imposera. À l'ère du numérique, le boss c'est le consommateur, encore plus qu'avant. Plus que le consommateur, le citoyen, dont le niveau de vie stagne, n'acceptera pas longtemps qu'on lui interdise de réduire ses charges ou d'améliorer ses revenus.

Il faut comprendre qu'il y a de grandes chances pour que le monde ait un mal fou à stabiliser une courbe claire de croissance durable. Il y a fort à parier que l'Europe aura une croissance faible pour longtemps et que la croissance que nous connaîtrons sera dépourvue d'emplois. Il est possible que la robotisation et la course aveugle à la productivité et au profit à court terme, prive des millions de personnes d'un emploi au sens où nous l'entendions jusqu'à présent. Si ces prévisions sont réalistes, ces personnes n'auront pas d'autre choix que de réduire leurs charges ou de saisir chaque opportunité de s'offrir une multitude de sources de petits revenus. Les en priver provoquera leur fureur, leur révolte. Nous devrons céder. Ces villes devront céder. Il faudra certainement à New York, à Londres, à Paris, cesser de blâmer le numérique de ruiner la politique du logement. La chute du secteur immobilier n'a pas commencé avec le numérique et elle ne s'aggrave pas à cause de lui. C'est l'échec de la société qui provoque le regroupement des humains dans de grands centres urbains, pour lesquels l'hyper-centre devient inaccessible, à cause de revenus moyens ou faibles. Mais il faut maintenir la mixité pour que les centres ne deviennent pas des ghettos de riches, formant à la fois un îlot de privilégiés et une cible à abattre en cas d'émeute. Pour la maintenir, il faudra accepter que ceux qui ont moins de moyens puissent s'en procurer, sans fiscalité ou au moins avec une franchise suffisante pour être confortable.

Il y a assez peu de pays aussi corporatistes que le nôtre.

Il y a les pays émergents d'origine communiste, où les privilèges sont encore distribués, mais où tout est fait pour faire monter la classe moyenne et enrichir les pauvres, afin d'éviter de déstabiliser la nation. C'est un communisme de façade, qui permet de justifier la maîtrise de l'évolution tout en étant hyper-capitaliste et conquérant.

La Chine en est le parfait exemple. Le numérique menace des pouvoirs établis, mais le pouvoir a décidé de les remplacer par d'autres, plus agiles et sources d'un pouvoir mondial. C'est un jeu à somme nulle au pire, mais vraisemblablement positive.

Il y a les pays émergents qui émergent lentement. Le pouvoir y est semi-dictatorial, et ce sont les riches, corrompus, qui gouvernent et décident, tandis que les pauvres le restent. Nombre de pays d'Afrique sont soumis à cette situation. Le numérique est loin de faire tomber les privilèges.

Il y a enfin les pays européens, qui pourraient devenir des pays émergents, avec une pression sur des salaires toujours plus bas, une croissance faible ou nulle, une absence de géants du numérique pour doper leur économie et maintenir leur position et leur rang mondial. Néanmoins, moins de combats violents sont à redouter, car le pouvoir y est mieux réparti, plus diffus.

Et il y a peu de pays comparables à la France, c'est-à-dire dans lesquels l'État et les grands groupes cumulés font fonctionner le pays quasiment à eux seuls.

Les inquiets

D'un côté, les inquiets positifs se posent des questions et réfléchissent à des limites à ne pas franchir. C'est le cas par exemple de Bill Gates ou d'Elon Musk. Ils évoquent le transhumanisme, la réparation et l'augmentation de l'être humain et en questionnent « l'intégrisme », notamment de la part de Google et de ses fondateurs. Ils sont schumpetériens, mais pas radicaux. Ce sont des inquiets qui questionnent, mais ils sont encore assez peu nombreux. La majorité reste les contre. L'inquiétude pousse à se poser des questions et réfléchir, alors que l'opposition systématique pousse au refus de principe, exempt de toute réflexion. Là aussi, l'Inde, la Chine, Singapour, la Corée parient sur les technologies pour rebondir, maintenir ou acquérir un pouvoir mondial. Ils ne sont pas inquiets, car ils ont tout à gagner et ils l'ont compris. La France combat des pays qui n'ont rien à perdre ; sa position est potentiellement inverse.

D'un autre côté, les inquiets négatifs ne voient que le noir et refusent de croire que le ciel puisse encore être bleu. C'est l'esprit français. Par rapport à nombre de pays, nous avons un problème de référentiel. Le changement se fait souvent, pendant de longues périodes, à l'intérieur d'un référentiel qui évolue peu ou pas. Le contenu peut changer sans briser le contenant. Aujourd'hui, c'est le contenant qui est mis en cause. C'est là notre faiblesse : on peut changer le contenant sans renoncer à certaines valeurs ou mieux les préserver. C'est ce que nombre d'acteurs français ne veulent pas comprendre.

Conclusion

Les pays émergents souhaitent profiter de la manne numérique, afin de se hisser au rang des premières puissances du monde. Ils sont poussés par une démographie forte, qui assure une croissance naturelle au pays et ont une main-d'œuvre bon marché. Ils investissent dans la formation, les technologies et les start-ups. Ils ont tout à gagner et la taille de leur pays et de leur population leur impose de franchir les marches quatre à quatre.

Le monde émergé doit gérer la transition et se trouve confronté à ses contradictions. Son modèle de profit lui a fait perdre ses emplois en faveur des pays émergents qui désormais montent en gamme, menacent de leur damer le pion et de faire de leurs économies, des économies au salaire stagnant ou déclinant, quand celui des émergents progresse. Poussés à l'extrême, les pays émergés pourraient devenir émergents – mis à part les États-Unis certainement, qui conservent un marché à la taille critique, la recherche et le développement, une capacité d'investissement monumentale et surtout un style, une culture et «*a way of life*» dominants qui font rêver une large partie de la planète. Son cinéma comme sa musique dictent les règles du rêve universel. Ils pourraient rester la seule puissance occidentale dans le peloton de tête d'ici vingt ans.

La France est mal placée pour le moment. À ne pas vouloir de changement ou à le retarder, à refuser la réflexion et l'évolution, et tenter de devenir un modèle dominant par peur de la période de transition qu'elle suppose, elle se prive d'un rebond dont elle a pourtant les moyens.

7

Digitalisation, algorithmes, robotisation : et l'humain, dans tout ça ?

Interview vidéo

Karine Lazimi,
Assureur Allianz,
Paris

https://goo.gl/NbDoOl

- Le digital est-il un outil asexué ? Un outil de libération, au service de l'égalité homme/femme ?
- Les marques peuvent-elles encore faire de la réclame, de la pub ? Ou est-ce que ce sont les consommateurs qui vont écrire l'histoire que la marque ne pourra plus raconter ?
- Qu'est-ce que le deep learning ? Qu'est-ce que cela va changer à notre société, à notre éducation ?

Vitesse et précipitation

Le monde confond vitesse et précipitation. Nous pourrions être dépassés par la vitesse que nous nous imposons à nous-même et devant laquelle nous nous émerveillons. Les lois de la vitesse accélérée des technologies se révèlent exactes, et nous semblons en être satisfaits. Il est vrai que sur nombre de points, nous pouvons l'être. La recherche fait d'incroyables progrès, nous pouvons compter sur elle pour sauver nos proches de maladies terribles, de paralysies ou de malformations diverses. Oui. Nous pouvons avoir une vie, qui progressivement, en tout cas pour une partie d'entre nous sur cette planète, semble de plus en plus à l'abri de tant de fléaux qui caractérisaient la fragilité de l'être humain.

Nous allons gagner du temps de vie. Grignoter le territoire de la mort. Prendre possession d'un territoire que nos lointains ancêtres attribuaient aux Dieux. Nous allons enfin devenir nos propres divinités. Et cela nous arrange. Cette dépendance à une puissance et à une complexité, que nous n'avons jamais supportée, va progressivement disparaître. En tout cas, nous le croyons. Nous pensons que l'accélération de notre savoir nous épargnera enfin cette dépendance à une entité inconnue, à un (ou plusieurs) Dieu, qui nous a valu il est vrai, en son nom, tant de tourments, de guerres et d'atrocités, mais qui distillait chez nombre de croyants l'envie de croire, de craindre même le courroux de cette puissance supérieure, et des valeurs de paix, d'amour et de partage, qui étaient sa marque originale. Notre prétention et notre arrogance nous imposent de refuser cette domination. Alors nous accélérons, afin de pouvoir recréer la vie, l'intelligence, ce que nous pensons être la caractéristique de l'homme. Nous ne voulons pas croire à l'âme et à la conscience, ces choses inexplicables, et c'est pour cette raison que nous n'arriverons, pendant longtemps encore, qu'à singer la nature. Sa complexité est trop infinie pour notre intelligence finie, même assistée par des armées de supercalculateurs. Nous pourrons, pour très longtemps encore, l'approcher, mais pas la toucher.

Chaque découverte, chaque réponse apportée à une question complexe en ouvre mille autres plus déconcertantes encore. Le décodage du génome humain, de l'aveu de ses pères (et mères), a débouché sur une infinité de questions nouvelles, toujours plus complexes. C'est une quête exponentielle. Si nous sommes les seuls êtres vivants dans notre environnement cosmique connu et exploré (ou effleuré), il y a fort à parier que ce qui nous a créés, y a mis une dose de difficulté plus lourde que celle mise dans la conception du Rubik's Cube.

Cette course est complexe. Pourquoi devrait-on stopper la course à l'amélioration de la vie humaine ? Pourquoi devrions-nous renoncer à faire cesser des maladies qui ravagent le monde entier ? Pourquoi laisser dans l'indigence, la détresse, des populations éloignées des soins, et qui pourraient être les premières à bénéficier de ces progrès, rétablissant ainsi un début d'équilibre que nous nous sommes acharnés à détruire, au fur et à mesure du temps. Un des angles sous lequel nous devrions donc voir cette question, serait de nous assurer que les progrès en question seront universellement partagés. Ce que l'histoire n'a pas démontré jusqu'alors.

À toutes ces questions, auxquelles nous sommes tentés de répondre positivement, nous pouvons trouver autant de raisons de répondre par la négative. L'homme et l'équilibre entier de la nature ont été pensés par une force qui nous dépasse. Tout est parfaitement en équilibre et seul l'homme, qui était censé être l'aboutissement, la pièce maîtresse, la création ultime, s'acharne à jouer l'élève surdoué qui regarde son créateur avec dédain et arrogance. Nous ne parlons par de divin, nous parlons de ce « je ne sais quoi » qui nous a ajoutés à l'incroyable liste de pièces en équilibre, que nous sommes les seuls à vouloir détruire pour notre bénéfice depuis que nous savons marcher.

Dès lors, nous pouvons douter d'une réponse aveuglément positive à toutes ces questions. Est-ce que doter l'homme d'intelligence artificielle est un progrès pour l'humanité ? Un homme augmenté est-il toujours un homme ? Un homme immortel signifie-t-il la fin de l'équilibre que la mort permettait de maintenir ?

Tout cela représente une première série de questions déjà bien difficiles à résoudre. Et pour lesquelles il nous paraît bien difficile d'apporter des réponses, sans un débat international, qui mettrait en avant une représentation de tous les citoyens. Au sens large. Et donc, pas uniquement aux politiques. C'est un sujet bien trop sérieux, bien trop long terme, pour le laisser à des acharnés du court terme, secs de la moindre vision.

Alors nous pouvons commencer par des questions un peu plus faciles. En tout cas, qui paraissent plus faciles à maîtriser. La course à l'automatisation, par exemple. Les magnifiques algorithmes. La productivité toujours plus forte. Quel est le sens, l'enjeu, l'intérêt de ce « progrès », ou plutôt de cette évolution technologique ? Nous pouvons à nouveau jouer au petit jeu de la double question contradictoire : est-ce que l'automatisation peut débarrasser l'homme de tâches pénibles, sans intérêt, et lui laisser le meilleur ? Est-ce que l'automatisation, l'utilisation extensive de robots permettra la surveillance de nos aînés, leur évitant une mort solitaire et presque invisible comme lors de l'été caniculaire de 2003 ? Feront-ils pour l'homme ou la femme âgée, ce que leurs propres enfants n'auront pas fait ? Pourrons-nous concentrer l'humanité sur les tâches nobles, que les plus démunis pourront enfin réaliser *via* leur « augmentation » ? Pourrons-nous donner aux exclus de l'égalité intellectuelle ou sociale, un rôle, des moyens et une place que la nature et le déterminisme social leur auront refusés ?

Voilà quelques questions qui posent positivement le débat. Malheureusement, comme dans tout équilibre, la balance réclame de mettre quelques poids dans l'autre plateau du débat.

Comment remplacer les millions de jobs que l'automatisation va détruire, sachant qu'au fur et à mesure que nous chercherons des solutions (alors qu'il sera déjà bien tard), la machine implacable à les détruire ne voudra plus s'arrêter ? Est-il utile de parler d'une productivité toujours accrue pour les entreprises, si les pays, au global s'appauvrissent *via* un chômage massif ? Comment faire vivre des pays composés de chômeurs, dont une large partie serait dotée d'une faible qualification et sans aucune capacité de reconversion ? À quoi va servir de faire vivre plus longtemps une population sans emploi ? Comment les équilibres sociaux pourront-ils tenir si la plus large partie de la population est sans emploi ?

On le sent bien, les réponses ne sont pas évidentes. On peut rêver et se laisser aller à penser que l'homme trouve toujours le chemin, et pourra pallier à la disparition de tous ces emplois.

Automatisation, robots et autres algorithmes

Il suffit de lire la presse pour se rendre compte du cataclysme. Pas un seul jour sans l'annonce que, quelque part dans le monde, une entreprise s'apprête à remplacer des hommes par des robots. Que mille plateformes gèrent de façon automatique des tâches qui étaient exécutées auparavant par des hommes et des femmes. Que mille investisseurs, start-ups, annoncent, souvent fièrement, qu'elles ont mis au point des techniques dont le seul but est de pallier à un homme qui décidément n'a plus la cote. Trop lent, trop imparfait, trop coûteux.

Il est toujours perturbant de voir un jeune de 25 ans vous expliquer à quel point il est brillant de pouvoir faire de l'argent en apportant l'automatisation qui coûtera son job à son père, sa mère ou son frère, à plus ou moins court terme. Preuve que personne ne se pose la question du long terme, du « pourquoi » nous faisons les choses et de l'intérêt d'organiser un massacre planétaire du travail. La beauté du geste, de la technologie, l'emporte sur la laideur du futur qu'il dessine. La courte vue. Toujours. L'homme est un loup pour l'homme, ou plutôt désormais, un cannibale.

Sous réserve d'un réveil collectif, qui interviendra peut-être, mais trop tard certainement. Les études les plus optimistes ont de quoi glacer les plus optimistes. On parle d'un million d'emplois perdus à 5 ans.

Quelques exemples dans tous les domaines :

- **Les emplois roboratifs seront robotisés**. Un peu plus chaque jour. Les tâches répétitives, lassantes, usantes, vont aussi disparaître. Nous avons connu la phase de la main-d'œuvre à bon marché, en Asie et ailleurs. Une fois épuisé ce filon, il reste la robotisation. L'homme coûte trop cher décidément ; il est donc préférable de produire à moindre coût des produits que l'homme ne pourra plus s'offrir une fois qu'il sera au chômage. Drôle de calcul. Le problème, c'est que la plus large partie de la population, des pays émergents, est jeune, encore largement sous-qualifiée, et que ces emplois lui seront désormais interdits. Le problème, c'est que dans les pays émergents, une large partie de la population ne pourra plus prétendre à ces emplois, accroissant ainsi l'épaisseur du trait du chômage incompressible.

- **Les emplois d'accueil, de réception**, certains emplois de vente, vont disparaître. On parle de personnes un peu plus qualifiées, aux capacités d'adaptation limitées. Les assistantes sous forme d'hologrammes sont déjà testées, les robots d'accueil chez Nespresso également. Le mouvement est encore lent, mais dans des pays comme la Corée, l'accueil et la vente ne sont plus des métiers en vogue.
- **Toutes les parties répétitives d'emplois de moyenne qualification** vont disparaître. En matière de comptabilité par exemple, la profession des experts-comptables prévoit 40 % de ses emplois menacés à moins de 5 ans. La saisie, le traitement automatisé de milliers de tâches vont définitivement disparaître après avoir été « out-sourcés ».

- Les algorithmes de calcul des retours financiers, des investissements, s'attaquent à leur tour à des **emplois très qualifiés**, tenus par des diplômés de bon ou haut niveau. En 2015, la performance de systèmes totalement automatisés a été plus forte que celle de leurs collègues humains. Les systèmes automatisés se multiplient partout dans le monde, et les scandales divers autour du trading et des manipulations diverses opérées par des humains, donnent un alibi de plus à cette automatisation. Finalement, seul l'humain est faillible !

Ubérisation et automatisation : pas le même combat

Il est évident que la liste des emplois qui vont ou peuvent disparaître est plus longue que celle des emplois que nous allons créer. La cerise sur le gâteau, c'est l'ubérisation, qui au sens strict, à ce jour, ne crée pas ou peu d'emplois, mais crée énormément d'activité (emplois induits), et accroît dans la plupart des cas le chiffre d'affaires de la profession à laquelle elle s'attaque.

Ce qu'on ne souhaite jamais rappeler dans les débats TV ou radio, ou les tribunes de la presse, c'est que ces « affreux » prédateurs, comme Anne Hidalgo et d'autres les ont appelés, ont permis au marché de croître. Jamais il n'y a eu autant de personnes développant le réflexe de la prise d'un taxi, pardon d'un VTC, pour un oui ou pour un non. Une course rapide, un rendez-vous, le transport urgent d'un paquet, tout y passe. Certes ces entreprises – Uber, Airbnb, Chauffeur Privé, Stuart – ne créent pas des paquets d'emplois administratifs et transversaux, comme le ferait un grand groupe traditionnel. En revanche, et contrairement aux idées reçues, ils ont bien créé de l'activité, en masse, de la valeur de marché et redonné espoir à des populations éloignées de toute opportunité d'emploi, d'en trouver un.

Dès lors, la bataille des chiffres demande à la presse un peu d'effort, car elle ne peut plus puiser dans les communiqués officiels des groupes pour classer les entreprises en fonction (notamment) du nombre de leurs employés, mais du nombre de personnes que ces nouveaux acteurs font travailler, de la valeur qu'ils créent ou contribuent à créer pour nos économies. Airbnb permet d'accroître la capacité d'accueil des touristes en France. C'est une urgence ! Nous nous gargarisons d'être la première destination touristique mondiale, et visons les 100 millions de touristes (Miami à elle seule en attire autant chaque année, majoritairement américains).

Mais nous n'avons en aucun cas la capacité de les attirer, car nous ne pouvons ni les loger, ni – enjeu encore plus fort – les garder le plus longtemps possible pendant leur séjour[1]. Pour qu'ils restent, il faudrait que toutes nos destinations phares, mer ou campagne, ville ou montagne, puissent leur proposer un logement abordable. Surtout pour les familles,

1. Jérôme Tourbier, *Tourisme en péril*, JC Lattès, 2016.

des classes moyennes notamment, qui n'ont pas les moyens de venir en France en prenant (dès qu'ils ont deux enfants), plusieurs chambres chaque nuit, pour les héberger. Trop cher. Airbnb, que l'on aime diaboliser et présenter comme celui qui déstabilise le marché du logement parisien, est simplement l'outil de conquête du touriste étranger en mal de dépenser ses économies dans notre pays sans croissance.

Ces remarques sur l'impact de ces plateformes, sur l'accroissement de leur marché cible peuvent être étendues au droit, à la formation, à la livraison, à l'esthétique. En offrant une prestation plus large, plus disponible, plus facile à atteindre, et parfois moins coûteuse, ces plateformes titillent les appétits des consommateurs, dont on connaît la capacité à souffrir du syndrome de l'achat réflexe, l'achat spontané, qui ne fait que s'accroître avec l'utilisation de nos outils numériques, smartphone en tête. Mais surtout, elles élargissent la disponibilité de l'offre. Pour toute femme active qui, culturellement doit être femme, travailleuse, mère et gestionnaire de tous les éléments du foyer, trouver le temps, pendant les heures ouvrables, de s'offrir un soin esthétique, est une pure impossibilité ou un casse-tête formidable. Pouvoir recevoir ce soin à domicile, à des heures auxquelles les boutiques sont fermées, permet le développement du chiffre d'affaires de la profession et de ceux et celles qui s'y forment. Ce n'est donc pas du chiffre « volé » aux centres classiques, c'est du chiffre en plus. Et pour une profession qui forme environ 33 000 jeunes chaque année pour 96 000 postes de salariés, dont seulement 5 000 sont à pourvoir[1], c'est une aubaine. C'est la raison pour laquelle l'Observatoire de l'Ubérisation a pu lancer une médiation préventive entre les ubérisateurs de l'esthétique et la CNEP, qui soit bénéfique pour les deux parties. Plus de chiffre, moins de chômage, la certitude d'une qualification, *via* la formation qu'assure la CNEP, de celle qui arrive à votre domicile, et même le remplissage des salons aux heures creuses *via* ces plateformes.

L'avantage de ces professions, c'est qu'il faut des hommes et des femmes. Le temps de la livraison massive par les drones ne se fera pas si vite. Gérer leur présence massive dans les airs, et même en dehors des questions de sécurité que cela pose, sera heureusement un casse-tête pour tous. L'esthétique, le droit, la livraison, le transport vont demander la présence humaine. Et c'est parfait ainsi.

Bien entendu, tout le monde aura lu et questionné les premières commandes de voitures autonomes par Uber. Et compris que ces emplois, à peine créés, pourraient disparaître. Nous pensons que chacun devrait prendre la mesure d'une telle décision. Donner de l'espoir à des millions de personnes à travers le monde et le leur reprendre en moins de cinq ans promet une explosion sociale foudroyante. Reprendre l'espoir est l'acte le plus dangereux qui soit.

1. Source : Union nationale des entreprises de coiffure, www.unec.fr/art-et-metier/metier-de-coiffeur/connaitre-le-secteur.

Il y a fort à parier que la violence sera la seule réponse à cette folie. Il faut accepter que le travail reste l'apanage des hommes, même s'ils sont plus chers que la machine.

L'épineuse question de l'intelligence artificielle

Pour l'homme et l'entreprise en manque de croissance et de productivité ; pour l'homme à qui la nature a dénié le droit à un quota élevé de neurones ; pour une société lancée dans une course au toujours plus ; pour des scientifiques qui souhaitent, la plupart du temps pour de bonnes raisons, améliorer la vie et la santé de l'homme ; pour le politique qui souhaite démontrer que son action est synonyme de progrès éternel ; bref, pour le bénéfice supposé de nos sociétés dont le changement est devenu obligatoire, afin que l'obsolescence de la technologie d'hier permette l'achat de celle d'aujourd'hui, la course à la technologie ne peut être questionnée. Le faire vous condamne à être taxé d'obscurantisme, de témoin de Jehova de la technologie, qui produirait par sa critique le même effet que de prôner toute transfusion, vaccin ou piqûre de toute sorte.

Pourtant, à écouter les membres de l'Observatoire, des philosophes réputés, des penseurs, et même des scientifiques, à écouter des chefs d'entreprises emblématiques, comme Elon Musk ou Bill Gates, à écouter ceux qu'on n'écoute jamais, les citoyens « de base », le quidam, et même nos anciens, qui en ont vu d'autres en termes de balivernes sur les effets positifs absolus du progrès, à écouter ce petit monde qui compose le monde, nous aurions intérêt à nous poser un peu plus de questions que nous ne le faisons pour le moment.

L'homme se définit par divers critères, dont le libre arbitre, sa capacité à s'envisager lui-même, à analyser son environnement pour s'adapter, en tirant profit de son expérience, de son savoir. Il fait cela grâce à sa mémoire et à des connexions neuronales qui transforment ce « bazar » en création, décisions et autres actions humaines quotidiennes. Insignifiantes ou fantastiques.

Il se définit aussi par son imperfection et sa diversité. C'est l'interaction de personnes complémentaires, comme dans la nature et le corps humain, qui fait de l'homme ce qu'il est. Son évolution est liée à sa mémoire, à l'intelligence collective, à son rapport au temps, à sa capacité de tirer (ou non) les conséquences de ses actes passés pour embellir son avenir.

Une intelligence augmentée pourrait être considérée comme un accroissement de cette différence, en magnifiant chez chacun d'entre nous ses qualités. Alors nous resterions différents, et la perfection n'existant pas, nous resterions éventuellement imparfaits, mais moins. On pourrait également avancer que l'homme étant capable du pire, y compris contre lui-même, suppléer et aider ses décisions pour n'en garder que les meilleures serait un grand pas possible vers la paix et l'apaisement. On pourrait enfin envisager que les plus démunis puissent ainsi compenser leur déficit originel, par une aide extérieure. On pourrait…

Mais forte est la tentation de voir plusieurs points sombres dans cette analyse, qui reste valide. Tout d'abord : l'intelligence artificielle. D'où vient-elle ? Qui la « fournit » ? Qui garantit que les informations analysées, les expériences scannées pour parvenir à aider à la décision de l'homme, sont « neutres » et « sincères » ? Quand on voit la variation des résultats sur Google, sur le même mot-clé, en fonction de celui qui la reçoit, on peut légitimement en douter.

L'intelligence artificielle sera-t-elle disponible pour tous, ou est-ce que plusieurs niveaux pourront être définis, à des prix différents, qui empêcheront la « démocratisation » de cette intelligence, et donc sa disponibilité pour le plus grand nombre ? Est-ce que l'intelligence augmentée rend plus intelligent ? Est-ce qu'un homme dépourvu de sa propre intelligence, car dépendant d'une aide extérieure, reste un homme ? Est-ce que la béquille fait du boiteux un valide ? Comment garantir que ces super-machines n'entraîneront pas une nouvelle forme de dépendance et d'esclavage, plutôt qu'une libération du carcan imposé par sa nature propre ?

Bien entendu, nous n'avons pas encore la réponse à ces questions. Mais nous avons une certitude. Pour le moment, les sociétés les plus avancées sur le sujet, celles qui ont les moyens de faire la recherche et disposer du canal de « distribution » nécessaire, sont à la fois rares, situées au même endroit dans le monde et sans concurrence. C'est principalement là où le bas blesse. S'il y avait cinq Google, Amazon, Apple ou Facebook dans le monde, tout irait bien. Il y en a d'ailleurs, mais les concurrents Chinois sont essentiellement connus et actifs sur leur propre marché et ne dominent pas le monde – même si leurs chiffres sont impressionnants. Ce n'est pas le chiffre d'affaires la clé de la domination mais la pénétration du marché. La culture qu'elle imprime et définit.

Dès lors, les questions sont plus faciles à poser, et les réponses plus faciles à envisager. Il y a donc une seule réponse que l'Europe devrait porter, et cette réponse, c'est la mise en place urgente d'une politique radicale de financement massif de champions européens capables de rivaliser avec leurs homologues américains. Evidemment, l'argent ne fera pas tout, mais les usages peuvent compléter efficacement cette première base. Le fait d'imposer à ses acteurs publics et de suggérer à ses acteurs privés d'avoir recours à ces champions est tout à fait envisageable. Le fait de faire rayonner leur offre est également une affaire de volonté.

Lorsque Qwant se lance sur le marché et que les administrations remplacent progressivement Google par Qwant comme moteur de recherche par défaut sur leurs ordinateurs, alors nous faisons acte de patriotisme économique et tentons de faire en sorte que Qwant ambitionne 20 % du marché et non 5 %.

Il faut éviter, en revanche, de reproduire le scandale du Cloud, dans lequel l'argent public disponible pour créer des géants du secteur a été attribué entre autres, à Orange, à Bull, au lieu d'être confié à des acteurs nouveaux, agiles et débridés, qui auraient su générer plus que les quelques ridicules millions d'euros que ces acteurs traditionnels ont généré, accouchant d'un nain économique sans envergure, au prix de plusieurs dizaines de millions d'euros investis, alors qu'une société comme Orange, qui réalise plusieurs milliards de chiffre d'affaires, n'en avait pas besoin.

L'argent doit être fléché vers des investisseurs et des acteurs, avec un véritable suivi. Un concours comme les Concours Mondiaux de l'Innovation, initiés par le gouvernement Ayrault et pilotés par Anne Lauvergeon[1], est assez proche du modèle initial. Il suffisait d'y associer le privé et les entrepreneurs, dans le processus de présélection, puis de façon plus large et avec un pouvoir décisionnel, dans le jury, et surtout, de les suivre à la trace, et nous aurions eu un système quasi parfait. Mais l'idée était la bonne. Trois étapes à 200 K, 2 M et 20 M d'euros, sous forme de subvention et/ou d'avance remboursable en partie : on pouvait enfin avoir des moyens conséquents pour tester, embaucher et développer. Il y avait de la graine de champion dans ces projets. Et en pouvant

1. Le 18 avril 2013, le président de la République a mis en place la Commission « Innovation 2030 », présidée par Anne Lauvergeon. Cette Commission s'est appropriée les principaux enjeux du monde de 2030 et a initié un Concours Mondial d'Innovation.

espérer aller jusqu'à 20 M de financement, on se dotait de moyens suffisants pour un premier « round » de développement. Tout en restant, pour la R&D, en France.

En tout état de cause, il n'y aura d'intelligence artificielle possible, non soupçonnable, que si elle aussi est d'origine diverse et concurrentielle. Et l'Europe ne pourra pas continuer à porter ce nom et à revendiquer sa position de marché mondial phare si nous n'y trouvons pas de champion du digital, du e-commerce, des technologies. Nous pourrons alors être en situation d'inventer un modèle européen du développement, basé sur des modèles économiques différents de ceux des États-Unis, et proposer une alternative peut-être plus juste et plus réfléchie, tout en étant pérenne et économiquement créatrice de valeur. La place de la France dans l'Europe permettrait d'insuffler dans ce modèle une « *french touch* » intéressante qui pourrait illuminer le monde et attirer chez nous les talents, en donnant plus de sens à la démarche.

Le transhumanisme : nouvelle frontière ou abîme possible ?

Ce sujet complexe mériterait bien plus que quelques lignes. Divers livres sont parus sur le sujet, dont celui de Luc Ferry[1]. Cette notion se définit ainsi :

1. Luc Ferry, *La Révolution transhumaniste*, Plon, 2016.

« Le transhumanisme est un mouvement culturel et intellectuel international prônant l'usage des sciences et des techniques afin d'améliorer les caractéristiques physiques et mentales des êtres humains. Il considère certains aspects de la condition humaine tels que le handicap, la souffrance, la maladie, le vieillissement ou la mort subie comme inutiles et indésirables. Dans cette optique, les penseurs transhumanistes comptent sur les biotechnologies et sur d'autres techniques émergentes pour les éradiquer, les gommer, ou les minimiser. »

La promotion de l'amélioration de la condition humaine à travers des techniques d'amélioration de la vie, comme l'élimination du vieillissement et l'augmentation des capacités intellectuelles, physiques ou psychologiques, fait partie des sujets à la fois les plus commentés mais aussi les plus spectaculaires.

L'idée sous-jacente, c'est que tout objet, mais surtout tout être humain soit une succession de lignes de code. Une immatérialité. Ainsi vu par les génies de la « Singularity[1] », l'homme perd chair et âme, pour être une ligne programmable, déprogrammable, reprogrammable. Peu de poésie, de lumières, de spiritualité dans

1. La Singularity University est une société privée californienne jouant le rôle d'université, de think-tank et de centre d'incubation d'entreprises. Elle est située dans la Silicon Valley et, selon son slogan, vise à « éduquer, inspirer et responsabiliser les leaders afin qu'ils appliquent des technologies exponentielles pour répondre aux grands défis de l'humanité ».

tout cela. Nous sommes composés de données, alignons-les et voyons quoi en faire. L'enveloppe physique n'est qu'un mauvais handicap, un vêtement utile à lui donner une apparence sympathique, et nous pouvons dès lors nous en passer facilement, puisque l'intelligence collective alimentée par la donnée de toutes nos intelligences cumulées, et augmentée par des super-serveurs, pourrait très bien se passer de l'homme qui la portait à l'origine. De la même façon que les radiateurs peuvent du jour au lendemain fournir l'énergie dont ont besoin les serveurs.

Les philosophes, anthropologues, sages et intellectuels de l'histoire, mais nous aussi, simples citoyens, devrions être *a minima* « interpellés » par cette perspective. C'est une forme de négation de l'esprit de ce qui nous a créés. De l'intérêt même d'avoir des humains sur Terre.

Nous n'avons pas la prétention de résoudre cette équation dans ce livre. Nous voulons simplement alerter, pousser à la réflexion, et la rendre la plus internationale possible afin que nous puissions définir un code d'éthique, qui devienne nos tables de la Loi, sur lesquelles serait rappelée la définition de l'homme et l'interdiction à l'homme de détruire ses semblables, en les virtualisant. La conscience exige la présence de l'homme comme garde-fou à la technologie. Réduit à l'état de code, il ne méritera plus cette attention car nous aurons alors éliminé la notion de conscience, de morale, de bon sens. Personne n'aura d'état d'âme à jouer avec du code. L'homme sera devenu une donnée manipulable. C'est une forme de mort sous prétexte de vie éternelle. Car la donnée ne meurt jamais. Condamné à l'immortalité pour alimenter la « matrice ». Cela vous rappelle plusieurs films de science-fiction ? Pouvons-nous nous permettre de vous rappeler que tout ce qui apparaissait comme science-fiction quand nous étions enfants est devenu, progressivement réalité ? J'ai envie de faire confiance au septième art pour nous éviter un septième ciel artificiel.

Il faut faire une nette différence entre les tenants du transhumanisme et ceux du post-humanisme. Les premiers peuvent simplement avoir envie d'améliorer la vie de l'homme, d'en sublimer les capacités naturelles en les augmentant. Certains tirent leur réflexion de divers mouvements qui ont animé notre planète, et la France en particulier. Se délivrer d'un carcan, d'une limitation que la religion, puis les convenances et la « bien-pensance » nous ont empêchés de dépasser. Une forme d'anarchisme face à la tyrannie d'un système qui nous contrôlerait mieux si nous restions à sa portée. Dépasser cette dictature, se libérer de ces chaînes pour être en situation de plus grande liberté, serait ce qui constituerait le fond de la pensée de certains transhumanistes. On peut également faire une nette différence entre l'augmentation réelle des capacités, et l'augmentation qui conserve une nature thérapeutique, qui soigne, répare l'existant sans toucher à sa nature même. Il y aurait alors la bonne technologie, celle qui répare, sans changer le moteur et la carrosserie.

Et puis il y a les post-humanistes, qui souhaitent créer une nouvelle espèce, dépasser l'homme imparfait et faible afin d'en faire, par une interface homme-machine, un être hybride. Un sur-être. Un Dieu. On pourrait penser que de telles visées concernent des chercheurs dont la personnalité demanderait que des psychiatres de renom se penchent sur leurs troubles de la personnalité. Car pour avoir une telle image de l'homme, il faut en général avoir une piètre image de soi. Un être normalement constitué, heureux et épanoui ne devrait pas ressentir le besoin d'échafauder une telle destinée pour l'homme.

Les leaders des fascismes du XXe siècle – Hitler en tête – ont tous été obsédés par l'idée de l'être parfait. Il semblerait qu'ils continuent de faire des émules bien après leur mort, puisque certains rêvent aujourd'hui d'un nouvel homme parfait qui pourrait gérer depuis son cerveau, mi-cyborg et bien peu homme, des milliards de lignes de code, tout en étant imperméable aux émotions, perçues comme un signe de faiblesse et de subjectivité. Le patron de la Singularity University, Ray Kurzweil, dont les ancêtres ont payé au prix fort la folie de quelques-uns, est considéré comme un génie du fait de ses multiples trouvailles. Mais parfois, la limite entre le génie et la folie est ténue, et le concernant, on peut se demander si la seconde ne l'aurait pas finalement emporté.

Toute cette utopie, bientôt à portée de main, est pilotée par Google. Oh surprise ! Un homme qui céderait sa faillibilité pour un paradis rempli d'informations et de stimuli émis par le géant de la recherche, voilà un projet bien démocratique. On en rêve. On en cauchemarde ! Nous avons tous la responsabilité de ne pas laisser cela se faire, pour nos enfants, nos valeurs, notre sens du bien commun ! Aussi tranchée que puisse paraître notre position, nous l'assumons : cette folie devrait simplement être interdite !

Conclusion

Nous sommes bien « *lost in transition* ». Sans vision, nous avançons à vue. Nous opérons une confusion totale entre maîtrise des technologies et maîtrise de notre destin. La technologie n'apportera pas plus que les religions, une réponse, une vision ; elle présente même par rapport à celles-ci, la caractéristique d'être dénuée de notions spirituelles, humanistes, qui échappent à la rationalité. Comme l'homme lui-même. Nous sommes nés du chaos et sommes bien présomptueux de vouloir contrôler les âmes et le temps. L'arrogance est toujours mauvaise conseillère.

Nous devons nous réunir, en toute diversité et méditer en paix, à l'abri du temps et de sa frénésie. Nous devons nous poser les questions avant que l'on nous impose des réponses que nous n'aurons pas choisies. Cela ne suppose pas de tout refuser, mais de faire un tri sélectif. C'est bon pour notre futur environnement !

8

Ubérisation de la vie politique ?

Interview vidéo

Pascal Terrasse,
Député de l'Ardèche
et rapporteur d'une mission
sur l'économie collaborative

https://goo.gl/UwysLT

- Est-ce que l'ubérisation atteindra la politique ?
- Comment concilier l'envie de doter notre pays de champions du digital tout en maintenant un cadre réglementé ?
- Quelles seraient les 2 ou 3 pistes de réflexion pour doper cette économie digitale en France ?

Interview vidéo

Robin Rivaton,
Essayiste,
économiste

https://goo.gl/19xWTV

- L'ubérisation, est-ce une précarité qui devient pérennité? Est-ce le prix à payer pour réformer le modèle?
- Quel déficit les politiques ont-ils vis-à-vis du sujet? Pourquoi? Vont-ils y aller?
- Le libéralisme a des parts d'ombre et des parts de lumière : quels sont ses dangers et ses bénéfices?

Un phénomène de mode

La plupart des politiques voient dans le numérique une mode réservée aux plus jeunes, ceux qui ne votent pas. Dès lors, pour eux, le digital n'est qu'une évolution de plus, qui doit être encadrée, contrôlée et définie par l'État, qui doit être le juge ultime de tout ce qui est et sera. Le numérique, le digital, innervent chaque cellule de notre société ; en face, le politique débordé réalise que le temps lui manque pour suivre le rythme de son évolution. Alors il décide de freiner le temps, le sien en tout cas, afin de se donner le temps de la réflexion, de la compréhension et de la normalisation. C'est en cela qu'il a tort. On ne contrôle pas le sable qui glisse entre les doigts, il continuera à couler, à moins que l'on modifie la main de l'homme. On peut décider néanmoins ce que l'on fait de ce sable, une fois au sol, quelle forme lui donner, et ce que l'on peut bâtir avec cette matière fragile et forte à la fois.

Le compromis plutôt que l'adaptation

Le politique agite des moyens qui expriment son désespoir. Le compromis. C'est le cas dans le débat entre les taxis et les VTC. La loi est dépassée, le texte inadapté, mais on préfère le raccommoder au moyen d'un compromis, plutôt que de réfléchir au fonds et d'adapter le texte au contexte. On laisse couler le sable, mais on ne cherche pas à savoir ce qu'on pourrait reconstruire avec. Ainsi le compromis devient l'étape assurée vers un autre conflit. On a simplement gagné du temps, calmé les médias en leur enlevant un objet d'attention quotidienne, et surtout on a maintenu l'illusion que le politique était la solution. Le gardien du temple, qui reste l'arbitre suprême. Car il s'agit bien de cela : faire que le politique sorte indemne et vainqueur du conflit, qu'il reste le recours. Cela ne durera qu'un temps.

Bloquer pour gagner du temps

Le politique réglemente. Il souhaite borner un terrain sans frontière, un sable qui coule entre les doigts de chaque État, encore plus sûrement que les grandes firmes mondiales leur échappent en large partie, depuis bien longtemps, en utilisant les localisations, paradis fiscaux, « trous » législatifs et vides légaux de façon optimale. Cette incapacité partielle à réglementer une économie réelle, faite de biens manufacturiers, puis de services, trouve et prouve sa totale futilité face au numérique, qui échange des flux et des informations, de la data. Sanctionner les abus de position dominante, tenter de monter des trappes fiscales, de s'attribuer les flux pour les contrôler est illusoire mais le politique tente de ramener le terrain à ses outils, au lieu de les adapter à ce nouveau terrain.

La fiscalité est un exemple intéressant de la vision du monde des politiques. Le cri unanime d'une partie de la classe politique résonne d'un monde digital qui ne paierait pas ses impôts. Cela sans que personne ne sache de quel impôt on parle ! Car dans chaque pays développé ou émergeant, l'imagination fiscale de nos dirigeants a été sans limite, totalement débridée et nous a dotés d'un arsenal fiscal redoutable. Il est donc totalement impossible d'y échapper.

Quel que soit le pays où opèrent les GAFA (Google, Apple, Facebook, Amazon), il y a des salariés. Ces salariés paient, eux, des impôts. La société y paie de la TVA, même si le montage opéré en réduit le coût. Il y a de nombreux pays, dont la France, qui ont inventé une taxe sur les bureaux. Les GAFA les paient à Paris, par exemple. S'ils sont propriétaires de leurs locaux à San Francisco, Paris ou Londres, ils paient une taxe foncière. En clair, ils paient leurs impôts, comme tout le monde. Ou plutôt les optimisent, comme tout le monde. Ni plus ni moins que ne le font nos banques, compagnies BTP, énergétiques, assurances, etc. Pas moins en tout cas que tous les grands comptes traditionnels, qui optimisent à tout va depuis la nuit des temps.

Les GAFA n'ont inventé ni les taxes, ni les moyens d'y échapper et leurs avocats fiscalistes sont leurs meilleurs apôtres en la matière ! Dès lors, que reproche-t-on aux sociétés du numérique ? De ne pas payer la part d'IS (Impôt sur les Sociétés) qu'elles devraient payer. On oublie au passage de dire, que mis à part Google, Apple ou Facebook, très peu de ces entreprises font du bénéfice. Elles font même de lourdes pertes. Dès lors, la question de l'IS ne se pose pas. Elles n'en paieront pas avant de gagner de l'argent. Skype comme Twitter perdent de l'argent chaque année. On leur reproche également de ne pas payer de la TVA. Elles en paient. Mais oui, elles optimisent, comme tout le monde.

La relativité est liée à plusieurs facteurs.

Dans une Europe à 28 vitesses, sans harmonie fiscale, chacun fait au mieux de ses intérêts. L'Europe ne sait pas harmoniser, alors le chœur ne chante pas à l'unisson. Taxes incluses !

La définition des flux, pris en compte pour régir à l'appréhension fiscale qui aboutit à l'impôt, n'est plus adaptée à l'économie numérique. Il faut donc éviter que les États ne s'écharpent les uns contre les autres pour capter ces flux à leur profit, mais redéfinir le flux et l'élément générateur de l'impôt.

Doit-on payer de l'impôt là où la valeur est créée ? Mais de quelle valeur parle-t-on ? Celle de la R&D qui développe les technologies et donne sa valeur au service ? Celle du lieu de situation de ceux qui y travaillent ? Celle du siège de la société ou de son lieu, de ses lieux d'exploitation ? Celle du pays où le chiffre d'affaires est généré ? À hauteur de celui-ci ? Mais alors quelles charges peut-on lui imputer ? Celles exposées dans le pays en question, ou un cumul de celles qui permettent au service d'exister et d'être rendu? On voit bien que la réponse est complexe ou au contraire simple. Mais la réponse simple risquerait de ramener le flux sur un seul ou quelques pays, bénéficiant d'une fiscalité «amicale et détendue», ce qui pose le problème de l'harmonisation fiscale. Bref, on tente de régler le problème par le bas au lieu de le faire par le haut. Il est clair que toutes les sociétés doivent payer de l'impôt. Mais il est urgent de redéfinir les règles de l'élément générateur.

Enfin, ce serait l'occasion peut-être de se poser la question du niveau de la fiscalité des pays, de la raison pour laquelle leur pression est toujours plus forte, et alors de la gestion souvent aveugle des finances publiques.

Une vision rare ou inexistante

Certains politiques, rares, ont une vision de ce que le monde numérique dessine et les valeurs qu'il recèle, tout en réfléchissant aux dérives possibles. Certains la vivent, plus exposés au travers de leur mandat à des Français expatriés qui font de l'ubérisation un outil de développement et de croissance. Ils voient la différence fondamentale dans l'approche que ces jeunes entrepreneurs ont de la société et de son fonctionnement. Une société qu'ils voient comme un empilement d'usages simplifiés au service d'une nouvelle gestion globale de la vie des citoyens, de tous pays. Une vision universelle, qui nie la culture, les différences, pour nous envelopper dans un même linge, une façon de prouver que nous venons tous de la même souche et que les différences ne sont que des erreurs du temps et des déplacements de l'homme quand, à partir de 200000 années avant notre ère, il a commencé à quitter l'Afrique pour aller s'installer sur la planète Terre tout entière.

La différence entre les hommes, comme la différence de pression ou de température, crée l'énergie. C'est naturel et inscrit dans le « code ». Le nier, c'est nier les principes qui régissent l'univers, et qui sont bien plus forts que nos petits muscles numériques. Le numérique ne doit pas tirer sa légitimité de sa nouveauté. Il apporte le changement. Bien. Mais le changement est-il utile ? Le changement n'est utile que lorsqu'il apporte du mieux, qu'il améliore la vie des êtres humains.

C'est à ce moment que la politique retrouve une occasion unique d'intervenir utilement, par la réflexion et la vision, par la stimulation et l'anticipation.

La réflexion et la vision

Les politiques, comme toute la société du digital, ne réfléchissent plus, ou peu, ou rarement. Nous réagissons, oui. Nous nous positionnons par rapport à ce que nous recevons et engrangeons, oui, mais nous n'avons pas ou plus, la distanciation nécessaire, le rapport de résistance au temps permettant la réflexion. Plus le temps pour cela et les politiques n'échappent pas à la règle. Pourtant, à l'abri du temps, dans des enceintes dorées de la République, ils pourraient s'en offrir le luxe, d'autant qu'en commandant l'action publique, le destin du pays est entre leurs mains. En grande partie, du moins.

Le digital n'est pas une préoccupation pour le politique, dans une vie publique devenue si difficile. Difficile du fait de la désaffection des citoyens, difficile du fait de la montée de partis qui troublent le bipartisanisme qui assurait une rente tranquille, par l'alternance au pouvoir de deux partis principaux. Difficile quand il faut conserver l'électeur sur deux qui vote encore et le maintenir dans son camp, difficile quand on ne peut plus promettre la croissance dans un pays où les dépenses, elles, continuent à grimper. Dès lors, la réélection devient le sujet crucial pour nos gouvernants, ce qui laisse plus de place aux combats d'homme et d'appareil qu'à la réflexion sur l'évolution de la société. C'est donc par le petit bout de la lorgnette que ces politiques voient l'évolution du digital. Ils le cantonnent à la naissance des start-ups, à l'existence d'une génération entrepreneuriale à laquelle il sera plus facile de parler, peut-être. Ils se disent qu'en se montrant dans cet univers, ils pourront gagner une place sur un électorat qui traditionnellement, en dessous de 25 ans, ne vote pas ou peu.

Ils considèrent que le numérique représente en 2015 environ 5 % du PIB et que l'on en fait beaucoup pour bien peu encore. Nous avons moins de 10 licornes, ces entreprises qui font rêver les journalistes, mais qui sont souvent un cauchemar pour leur expert-comptable (car elles sont majoritairement en perte financière) et qui emploient peu. C'est donc une matière difficile à cerner pour un politique. Il y a bien des membres du gouvernement qui comprennent l'intérêt de ces nouveaux acteurs, mais ils sont peu nombreux et rarement au pouvoir. Pour compléter la note, ils ne disposent que d'un secrétariat d'État. Et encore !

Pour la plupart des politiques ce secteur est au mieux un « bac à sable » utile pour amuser des jeunes en mal d'imitation de géants américains. Cela ne peut pas faire de mal, car sur un malentendu, quelques succès pourraient survenir. Alors il s'agit de se montrer au bon endroit, dans les incubateurs, s'amuser d'un produit imprimé en 3D par-ci et d'un nouveau « mulot » par-là. La présence d'un politique dans un incubateur contribue à donner l'impression qu'il s'en soucie, comprend le secteur et ses attentes. C'est ainsi l'occasion de véhiculer une image « cool et branchée » par la presse, qui adore le contraste du jeans déchiré et du costume trois-pièces, et doit remplir ses colonnes. Le politique au pouvoir en profite invariablement pour rappeler à quel point la BPI est un outil indispensable et présent à chaque étape du développement de la start-up, et que l'argent y est disponible.

Comme nous avons quelques licornes, le politique se doit de s'afficher devant les glorieux succès français. Cela permet à ces fameuses licornes d'avoir un book photo volumineux, gorgé de clichés avec les politiques de tout bord, dont leur siège est devenu un parcours obligé. On en vient même à se demander si nos licornes arrivent encore à garder du temps pour travailler entre deux visites politiques ! Et c'est sans parler des prix. Ah ! Les prix d'entrepreneurs français, toujours les mêmes concurrents et toujours les mêmes gagnants…

Pendant ce temps, nos amis américains remportent moins de prix, mais sont plus nombreux, plus financés et mondiaux. Les GAFA sont tous américains et s'attaquent tous à un marché mondial. Autre exemple, la Chine, qui a bien compris que les champions mondiaux devaient se financer massivement, et dont le e-commerce représentait 560 milliards de dollars en 2015.

En France, les politiques ont décidé que la BPI pouvait tout. Elle fait beaucoup, c'est vrai. Mais comme l'essentiel du tissu privé et public français, elle fuit le risque. Le « *seed* », l'amorçage, est un enfer dans notre pays. Même les fonds d'entrepreneurs, qui se sont constitués en nous promettant qu'ils feraient, la main sur le cœur, ce qu'on a fait pour eux, ne regardent pas un dossier qui ne passe pas la barre des 50 K€ par mois de chiffre d'affaires. Le risque c'est bien, mais pour les autres. Personne n'investit les montants et n'accepte le niveau de risque nécessaire pour avoir des champions. Et le résultat est à la hauteur du non-investissement : un entrepreneur qui tient ses promesses, Xavier Niel, et quelques start-ups qui sortent du lot, Criteo, Oscaro, Vente Privée, Show Room Privé, suivis de Spartoo et Sarenza ; cela fait maigre pour la sixième puissance mondiale, d'autant que pour le moment, la plupart d'entre eux sont au mieux européens.

Le politique, à qui personne ne demande de faire, mais d'inciter à faire, n'a pas su susciter la prise de risque. Du particulier qui investit son ISF ou une partie de son revenu, de l'épargne longue à l'incitation des étrangers à investir, de la préférence pour l'argent public à la défiance du privé, nos politiques nous ont privé d'ambition, ou n'ont rien fait pour la susciter.

Les chiffres parlent d'eux-mêmes : pendant que nous nous « gargarisions » d'avoir investi 1,8 milliard de dollars dans le capital-risque en France en 2015, les Américains y ont investi 77 milliards ! Quarante fois plus pour un pays six fois plus peuplé.[1]

La stimulation et l'anticipation

Le politique doit stimuler. Pour cela, il faut une vision, une force d'anticipation ; bref il faudrait y croire. Et la démonstration ci-dessus, prouve que les facteurs de motivation ne sont pas là.

1. Baromètre du capital risque en France, EY, bilan anniel 2015. Upfront VC Analysis 2016, février 2016.

Nous avons toute l'épargne longue disponible, mais investie massivement dans l'assurance-vie et l'immobilier. Il faut donc trouver les moyens de flécher, comme il est de coutume de dire, cette épargne, en favorisant le risque, en le récompensant, ou en le compensant en cas de perte. Il faut faire en sorte que chaque Français puisse avoir envie d'investir dans les entreprises qui font son avenir et celui de ses enfants. Par exemple, les montants qu'un particulier peut investir en Angleterre sont dix fois supérieurs à ceux acceptés par les règles fiscales françaises.

Il faut également anticiper. C'est là où le politique est le plus faillible. Le « court-termisme » ambiant fait peur. Il n'a pas de parti, il est de droite et de gauche, mais au final, il nous fait subir cette pression du temps, centrée sur les préoccupations personnelles de chaque politique, leur destin électoral pour être clair.

Si les gouvernants ouvraient les yeux, ils verraient que la structure même de notre société la rend particulièrement sensible à l'ubérisation. La France, par sa nature corporatiste et centralisatrice, est plus que n'importe quelle autre à la merci d'un système qui déteste les organisations pyramidales et les rentes de situation. Dès lors, elle souffrira beaucoup plus que les États davantage décentralisés, moins omnipotents, plus libéraux. C'est en effet, chaque centimètre carré de notre pays qui peut être attaqué violemment et avec une vitesse incalculable.

Si nos ennemis venaient de l'intérieur, de la société française, nous pourrions crier à la destruction créatrice, mais ce n'est pas le cas. Nos concurrents sont américains. Dès lors, nous subissons une attaque en règle, qui fera des victimes françaises pour les remplacer par des vainqueurs étrangers.

Le scénario est le même pour nos grands groupes. Nous avons une densité unique au monde et à ce jour, heureusement, leur puissance, leur envergure, nous assurent une rente et des emplois préservés en France. Mais face à l'ubérisation, un bon nombre d'entre eux sont plus exposés que quiconque et par conséquent, en danger. L'énergie, l'assurance, la banque, le transport, même le ciment et la construction (imprimante 3D) sont attaqués par l'ubérisation et pourraient potentiellement y succomber. Or les politiques et ces entreprises elles-mêmes restent persuadés qu'elles sont des forteresses inexpugnables. L'absence de peur est mauvaise conseillère quand elle est synonyme d'aveuglement. On ne dessine pas l'avenir les yeux fermés.

Le digital, progression de son champ de révolution

Internet a commencé son œuvre de sape par la réduction des coûts, en réduisant les intermédiaires, les grossistes ou semi-grossistes dans le textile, le *front office* dans la banque, remplacé par des *call-centers* souvent délocalisés. Personne ne s'en félicite forcément, car l'amélioration de notre pouvoir d'achat, ce chant sacré, s'est souvent faite au détriment de nos emplois. Mais c'est ainsi.

Aujourd'hui le numérique va plus loin. Il remplace des stocks par des flux (Airbnb, Uber...), externalise ses emplois et activités, robotise un nombre énorme de fonctions. En clair, moins d'hommes pour fournir le même service. Cela explique que dans un éventuel mouvement schumpetérien, nous assistons à plus de destruction que de création, d'emplois ou d'activités notamment. Le numérique utilise tout ce qui est en surcapacité, pour le transformer en disponibilités organisées par une plateforme. Or, dans un monde de surconsommation, la « surdisponibilité » est à chaque coin de rue, ce qui laisse un vaste champ d'expansion possible à l'ubérisation.

Mais plus important encore, l'utilisation massive d'internet pour chaque acte de la vie donne naissance à une masse infinie de données, personnelles, qui sont la clé pour faire de chacun de nous un être traqué, connu, ciblé, et de nos habitudes, une occasion de nous en proposer de nouvelles, complémentaires et basées sur l'observation de notre quotidien. La bataille de l'exploitation de la donnée va bien au-delà de prétentions consuméristes, elle s'évade et s'étend à tout : la santé, la gestion de la famille, du transport, du plus superficiel au plus intime. Or, ceux qui sauront avec le plus de précision ce que souhaitent les citoyens du monde, la façon de les rassembler autour d'actes de gestion et de décision du quotidien, pourront faire un travail plus fin que celui de n'importe quel

État. Et, si l'on pousse le raisonnement jusqu'au bout, le remplacer. Si la maîtrise de cette donnée n'appartient pas à chaque pays, mais à quelques géants mondiaux, nos États pourraient ne plus avoir grand-chose à offrir pour justifier leur existence.

C'est donc sur ce dernier point que le politique garde les yeux fermés, englués même. Il affiche une telle croyance dans le caractère indestructible du modèle qu'il ne se rend pas compte qu'il peut subir la même attaque que les grands groupes et se voir dépasser par des prestataires plus souples. Sur le papier, et déjà dans la réalité, le numérique pourrait faire mieux pour soigner, transporter, trouver un emploi à un chômeur, former, gérer les solidarités, décider de nouvelles formes de travail. Seules les fonctions liées à la politique étrangère, à l'aménagement du territoire (et encore) et à la fiscalité (et encore) lui reviendront encore.

L'ubérisation de la politique est en marche

L'ubérisation de la politique nécessite que les citoyens se voient offrir des moyens concurrents à l'action étatique, des moyens qui soient plus rapides et plus efficaces. C'est déjà en cours.

Elle prospère sur une désaffection et un manque de confiance dans les acteurs politiques et la volonté de les remplacer, afin de pallier à leurs piètres résultats depuis 30 ans. C'est déjà le cas.

Elle a besoin d'outils fiables, qui démontrent leur efficacité sur le plus grand nombre plutôt que sur des populations limitées. C'est en cours.

Elle se méfie des structures inutiles et illisibles, de la ville à l'État en passant par le fameux millefeuille territorial (agglo, département, région). La perception du coût trop important par rapport au service rendu est son corollaire.

Les politiques pourraient reprendre la main, non pas pour imposer et maintenir un système dépassé et lourd, mais pour présenter une version nouvelle du rôle et des canaux d'action de l'État et des collectivités.

La solution pour les politiques est simple : faire de l'État un stratège doté d'une vision de l'avenir. Pour cela, l'État doit investir massivement, souvent à perte, mais qui permettra la naissance de champions mondiaux, capables d'imposer au monde la traduction numérique d'un savoir-faire réel, qui pourrait nous donner le leadership sur toute la planète. L'État pourra ainsi assurer que la data soit cocardière, en faisant de ses champions les détenteurs de données essentielles, à la fois pour concurrencer les Américains et pour assurer la souveraineté et l'indépendance de la France. L'État devra alors permettre aux acteurs privés de faire, et non de tenter de faire lui-même. C'est sa vision globale et sa capacité à coordonner l'effort national qui deviendront essentiels et justifieront son maintien.

L'État français doit faire le ménage dans ses innombrables déclinaisons et profiter du numérique pour favoriser le développement des régions, des villes, en exploitant au mieux son savoir-faire et ses traditions. Il devra rapprocher les ressources de chacun, afin de résister et de vaincre la fameuse fracture numérique, l'isolement, en se dotant des circuits courts qui permettront au petit agriculteur de mettre sa production qualitative à disposition du plus grand nombre et ainsi sortir de son état précaire.

L'État devra faire confiance au privé au lieu de le considérer avec méfiance ou défiance et centrer l'effort sur les PME françaises innovantes, que l'innovation soit ou non technologique. Cela suppose de transformer le rôle et le fonctionnement des administrations et de les doter des outils nécessaires à un fonctionnement optimal, rapide, simple et coordonné. De les doter d'une culture de l'efficience, orientée vers le client. Car les PME sont des clients et non des bénéficiaires, cette révolution culturelle est peut-être la plus importante.

La loi doit devenir un cadre et non une tentative indéchiffrable et incompréhensible de contrôle des actions et décisions quotidiennes, qui traduit un manque de confiance désespérant dans ses propres citoyens. Ainsi, la loi dotée d'une légèreté naturelle pourra-t-elle gambader aussi vite que l'évolution de la société l'exige, au lieu de s'adapter avec un retard systématique, à l'issue d'un processus tellement lent qu'une fois réformée, cette nouvelle loi est déjà obsolète. La loi doit fixer l'inacceptable, fixer ce que nos valeurs doivent nous pousser à refuser et laisser aux citoyens la capacité d'écrire leur histoire à l'intérieur de ce cadre. En toute liberté, même si des outils de correction, de contrôle et de sanction resteront en place pour traiter les débordements et les infractions. Rendre les citoyens responsables de leur relation est la meilleure façon de restaurer un dialogue, une dynamique et la confiance.

La loi dotée d'un cadre, lui-même assis sur des valeurs fortes, pourra dès lors s'adapter à toutes les évolutions et abandonner sa prétention à régir, toujours et avec de plus en plus de retard, sur chaque détail de chaque situation.

L'État, pour survivre, doit également se poser les bonnes questions en ce qui concerne la destinée de l'humanité. Il y gagnera le respect de la population qui réalisera que l'homme est bien le but de l'action politique et non un aléa très incertain qui doit tout sacrifier à la réussite économique telle qu'elle est définie à ce jour. Il doit donc, au lieu de s'épuiser, dans un effort perpétuel, à gérer chaque détail de la vie de ses citoyens, réfléchir et les protéger. Protéger l'humanité, en se questionnant sur le transhumanisme, la robotisation à outrance, l'homme augmenté, qui ne nous promettent qu'une humanité diminuée.

L'État doit réfléchir avec toute la société à ce qu'est l'homme et le laisser aux commandes de la société, plutôt que de devenir l'objet qui réagira à la télécommande, à l'intelligence artificielle agitée par un autre que lui.

Mais pour imposer un modèle humain et économique, il faut peser dans l'économie mondiale. Le nanisme de notre économie numérique ne nous le permet pas. Il faut donc financer des géants français et ainsi rassurer les Français sur leur capacité à compter, exister et décider de leur destin. C'est seulement de cette manière que la France réussira à imposer ou proposer son modèle ; un modèle basé sur l'humain, sur le respect de la différence. Ce modèle, internet semble vouloir le gommer par son souhait de faire de nous de gentils consommateurs segmentés. Avec l'être augmenté, sonne la fin de la richesse de la diversité. Or ce modèle peut s'appuyer sur le numérique et sa capacité à mettre en avant l'individu, avec sa spécificité, et à lui offrir le monde, en faisant de la mondialisation une opportunité de préserver sa différence au lieu de la perdre. Ce modèle séduira des milliards de personnes sur cette planète et pourra nous offrir un siècle de « lumières numériques ».

L'État et les politiques qui sauront, avec la société tout entière, refonder ce pacte d'avenir, auront la vie longue. Et l'homme, faute de vivre 150 ans ou de devenir immortel, maintiendra son humanité pour l'éternité.

9

Et si c'était l'opportunité du siècle ?

Interview vidéo

Pascal Picq,
Paléoanthropologue
au Collège de France

https://goo.gl/1EVVtG

- L'ubérisation est-elle un petit mouvement de plus dans l'évolution ou un bouleversement majeur ?
- Qui peut disparaître dans ce mouvement ? Qui sont les dinosaures ?
- Comment l'utilisation des technologies est-elle en train de changer l'homme ? Est-ce la disparition potentielle de son humanité telle qu'elle était définie jusqu'à ce jour ?

Pour croire à quelque chose, il faut une utopie, retrouver le goût de croire et penser que l'on a un rôle à jouer. On sent bien que c'est exactement ce qui nous manque. Nous pensons devoir nous accrocher à l'existant, car nous n'avons aucune perspective sur ce qui pourrait lui succéder. Il y a une nette préférence pour une souffrance connue, que pour un plaisir incertain.

Pour que le système soit porteur d'espoir, de renouveau, de progrès, nous devons le décider. Nous devons le dessiner. Nous ne devons ni le subir sans raison, ni le refuser sans réflexion. Il faut donc dessiner un mouton, une utopie, un rêve. Il faut décider des valeurs que nous portons et en faire un système porteur et constructif. Ensuite, il faut en faire un modèle qui fonctionne et puisse entraîner d'autres pays dans notre sillage, afin que la puissance soit collective et s'impose comme LE modèle ou l'un des modèles possibles. Il faut que l'obsession du maintien de l'homme comme alpha et oméga de ce système soit sans faille. Une utopie, qui crée une nouvelle société et y assure une place possible pour chacun, entraînera une adhésion collective, un ralliement global, une dynamique qui marginalisera les systèmes concurrents, dans lesquels l'homme ne sera qu'une commodité, un mal nécessaire.

Mais il faudra que le système dépasse nos frontières car nous ne vivons pas sur une île déserte, mais sommes placés au centre d'une cour qui n'a rien de récréative et dont les acteurs sont impitoyables et luttent pour leur maintien ou leur survie, leur croissance ou leur ascension.

Les raisons d'y croire sont donc le revers du côté obscur de la force. Les technologies, les algorithmes, la robotisation, la disparition de la mort, doivent être mis en perspective du sens du mot humanité. Si nous l'abordons avec intelligence et réalisme, perspective et raison, avec folie et utopie aussi, nous pouvons espérer et même y croire. Dans le cas contraire, nous pouvons commencer à faire les valises de notre humanité, renoncer et subir. Le choix est nôtre.

La place de l'homme. Quel homme ?

La question à laquelle nous travaillons à l'Observatoire de l'Ubérisation est de savoir ce qu'est un homme, ce qui fait l'essence de l'humanité et de tracer des pistes sur ce que nous pourrions changer dans notre société, transformer dans notre monde, voire radicalement remettre en cause, mais en maintenant l'homme au centre.

La caractéristique de l'homme est d'être imparfait et mortel. Il faut donc définir la limite de ce que la nature a semblé vouloir dicter. Devons-nous laisser le progrès « réparer » l'homme dans toutes ses failles, ou continuer à les accepter ? Où est la limite ? Devons-nous laisser le désir de devenir des demi-dieux présider à une augmentation de nos capacités, afin de devenir des « surhommes » ? Et ainsi nous mettre à niveau de robots que nous construisons nous-mêmes pour nous remplacer (pardon, seconder !). Jusqu'où devons-nous accepter d'être augmentés ?

Ce sont des questions difficiles, et nous ne prétendons pas apporter des réponses. Celles-ci demanderaient une réflexion collective, mais urgente. Néanmoins, nous pouvons émettre un avis personnel. Nous y viendrons plus tard.

L'autre versant du questionnement, si l'on parvient à répondre sur la définition de l'homme, est celle de sa place dans le monde. Si la productivité devient la religion et que nous la pratiquons de façon « orthodoxe », littérale, alors l'homme n'aura bientôt plus de place dans nos sociétés. Si le travail industriel peut être intégralement remplacé par le robot, si une partie du travail de moyenne qualification peut être remplacée par l'automatisation des tâches, si une partie du travail de haute qualification peut être remplacée par l'intelligence artificielle et les algorithmes, alors nous construisons des outils au service de sa disparition. Les sociétés ayant besoin de consommateurs, si les humains les moins qualifiés et les plus nombreux (et dans les pays émergents, les plus jeunes) n'ont plus de travail, alors qui soutiendra la consommation ? Cela signifie qu'un homme naissant dans un pays émergent (ou développé), qui n'accède pas à la formation ou n'en a pas la capacité intellectuelle, ne travaillera jamais. Ou alors devra être augmenté pour fournir des tâches à haute valeur ajoutée, ce qui nécessitera de réguler les « augmentations » et de les répartir entre les individus, afin de maintenir une différence entre les hommes, ce qui est l'essence de l'humanité. Si nous sommes tous identiques, il n'y aura plus de dynamique, humaine en tout cas. Elle sera artificielle. Et qui dit artificielle, dit contrôlée. Par qui ? Selon quels critères ?

Tout cela donne le vertige. Nous n'avons pas les réponses. Mais nous posons les questions, ce qui est la première étape.

Les perspectives de l'ubérisation « de base »

Dans un premier temps, il est indéniable que l'ubérisation crée des opportunités d'activité économique. Les services qui sont mis en avant par une simplicité accrue, un usage rapide, une qualité souvent supérieure, accroissent le marché. C'est le cas des VTC. Le marché s'est accru. Des milliers de consommateurs qui considéraient le taxi comme un « luxe » et une exception se sont mis à le prendre comme on prend un métro. Ce qui explique que le marché ne se soit pas effondré. Aux heures de pointe, le nombre de taxis ne suffit pas à répondre à la demande. En heures creuses, l'accroissement du marché a permis d'augmenter le chiffre généré.

Pour les soins à domicile, ce sont des centaines de milliers de personnes qui vont consommer à domicile des soins que les heures d'ouverture des magasins leur interdisaient.

La facilité, la proximité, le service accroissent l'envie de consommation et les occasions de les satisfaire.

L'ouverture non-stop du e-commerce pousse à libérer le tabou du travail dominical, marqueur, pour un syndicalisme définitivement rétrograde, dogmatique et dépassé, et surtout déconnecté de la volonté des salariés, qui va ainsi s'ouvrir et permettre aux citoyens d'accroître des revenus qui stagnent de plus en plus, pour un pouvoir d'achat qui va forcément cesser de croître, car les prix sont, en tous domaines, arrivés à leur plancher (sauf à les baisser encore grâce à l'automatisation, mais en contrepartie d'un chômage accru, on retrouve ici le cercle vicieux).

L'ubérisation permet à des milliers de chômeurs, de populations discriminées (jeunes, minorités ethniques, seniors…) de pouvoir accéder ou retrouver une place dans la société et un revenu. Aussi imparfait que soit ce système neuf, il apporte dans un premier temps un plus indéniable. Pouvoir accéder à un statut social et un revenu est non seulement valorisant mais aussi synonyme d'un espoir renouvelé, d'une croyance en marche dans l'avenir, d'une société qui reprend confiance. Il n'y a que les experts, loin du terrain et des réalités, et les syndicats, qui craignent de voir cette manne leur échapper, pour crier au loup.

Bien entendu, cela crée un rapport différent au travail, à la relation employeur/employé, à l'organisation du travail. Et donc à son cadre. La peur que tentent d'insuffler la plupart des acteurs tient plus à leur crainte de

L'avis des chauffeurs Uber

Sondage Ifop de septembre 2015 réalisé auprès de 463 chauffeurs partenaires d'Uber

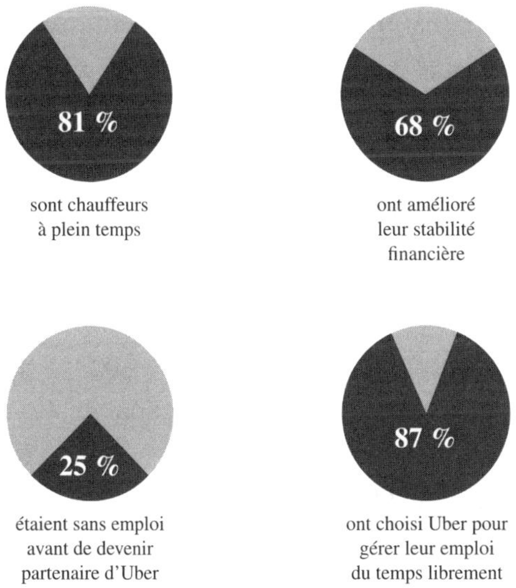

s'effacer de ce théâtre, que de la réelle volonté de défendre ces « masses laborieuses » nouvelles. La politique, le dialogue social français sont aussi une forme de rente, qui au regard du chiffre des syndiqués, est assez illégitime. Ces travailleurs indépendants trouveront pourtant, nous en sommes certains, une façon de se défendre, s'organiser, se protéger, mais selon un mode nouveau, horizontal, et qui nécessitera une légitimité plus importante. Et un système de notation – règle essentielle du digital – qui ne permettra plus à ceux qui prétendent de s'imposer à ceux qui font vraiment, de façon plus large et démocratique.

Le marché est important et nombre de pays s'éveillent à la consommation. La Chine, si elle « offre » une politique du second enfant à ces citoyens, promet des centaines de millions de consommateurs supplémentaires, de même que l'Afrique et l'Inde. Cela signifie qu'une politique qui permettrait de rendre plus forts nos grands groupes, grâce au digital, et de faire de nos start-ups des géants mondiaux, donnerait à la France un avantage décisif dans ce monde en mutation.

Ainsi ces modèles, contrairement aux messages anxiogènes que délivrent nombre de canaux au service des « suppôts » du statu quo, sont en capacité de créer une source énorme d'activité pour des centaines de millions de personnes dans le monde. Chaque personne capable de fournir un service rapide, facile d'accès à des personnes qui en étaient privées, du fait de l'organisation de nos systèmes actuels, va ainsi pouvoir gagner sa vie de façon correcte. Nombre de chauffeurs de VTC sont d'ailleurs devenus de véritables chefs d'entreprise, exploitant plusieurs voitures et chauffeurs salariés. L'ascenseur social se remet en marche quand on y laisse entrer ceux qui en étaient maintenus à l'écart.

Les opportunités sont illimitées. La plupart des marchés étaient bridés par l'aspect physique des structures de livraison et distribution. Un magasin est ouvert quelques heures par jour, le temps de travail est encadré. On prive ainsi le marché, la croissance, la consommation, de « vitamines » capables de les dynamiser. Ces nouveaux modes vont accroître le marché et demander plus de personnes en situation d'y répondre. Une enquête réalisée par la Fédération des auto-entrepreneurs indique d'ailleurs que 34 % des auto-entrepreneurs utilisent ces plateformes. Un tiers des utilisateurs de plateformes réalisent 40 % de chiffre d'affaires grâce à elles et ils sont la même proportion (28 %) à y réaliser moins de 20 % de leur chiffre d'affaires. Seuls 12 % des auto-entrepreneurs en sont largement dépendants puisqu'ils y génèrent presque l'intégralité de leurs revenus, autour de 80 %[1].

Un marché accru signifie que le chômage peut être réduit de moitié et peut-être totalement. La démocratisation des soins à domicile, géolocalisés, a deux conséquences. Pour le client, un accès à un coût raisonnable, à un service considéré comme «de luxe» auparavant. Pour celui qui le rend, un accès à une rémunération autrement impossible. Géolocalisé, il diminue ses temps (et coûts) de transport, et augmente donc son revenu net, ainsi amputé de moins de charges pour le générer. Au final, même l'environnement y gagne, du fait de temps et de moyens de transport réduits.

Il semble que la plupart des secteurs soient concernés. En effet, ces modèles ne supposent pas de «posséder» la main-d'œuvre, les marchandises, le matériel, il suffit de pouvoir mettre en relation facilement, rapidement, ceux

1. Fédération des auto-entrepreneurs, «Les auto-entrepreneurs et l'ubérisation», juin 2016.

qui en ont besoin et ceux qui sont disponibles. Et de façon étonnante, les professions sont touchées les unes après les autres, sans qu'elles ne réagissent vraiment. Ou très lentement. Ou mal. Les applications lancées par les taxis traditionnels sont utilisables mais arrivent trop tardivement, sans parler de celle de la Mairie de Paris, qui y avait investi environ 100 000 euros, aux frais du contribuable, et l'a confiée à des informaticiens ou développeurs qui manquaient singulièrement de talent. Devant le flop de l'application et la grogne des taxis, la Mairie a confirmé travailler à une seconde version pour l'été 2016 ![1]

Des applis offrent indifféremment du ciment, des petits plats, des sandwichs, du matériel, des coiffeurs ou esthéticiennes. La couche « virtuelle » attaque le marché physique en le surpassant par sa vitesse et sa souplesse. Et l'offre est permanente, 7 j/7, 24 h/24. Fluide, car exempte des contraintes des acteurs traditionnels, elle prend toute l'économie de vitesse. La bonne nouvelle, c'est que dans la plupart des cas, elle accroît le marché, ce qui est profitable à tous.

1. La société retenue pour développer l'application est la start-up lyonnaise Apps Panel. Cette initiative aurait coûté 112 671 euros à la Mairie de Paris pour la création et la mise en œuvre des dix applications (client et chauffeur) avec deux systèmes, IOS et Android, en français et anglais pour la version client, une page web sur Paris.fr, une API pour l'Open data et d'autres développements futurs. La Ville de Paris fait savoir que la version de l'application réservée aux chauffeurs a été téléchargée 11 160 fois, et la version dédiée aux clients 10 572 fois, à la date du 10 janvier 2015.

La notation et la rémunération

L'autre caractéristique du digital, c'est la notation. Au nom de la transparence, qui se doit de contrebalancer l'ignorance, voire les mensonges, que 50 ans de publicités artificielles ont transformé en fables pour public crédule. Les marques ont appris à écrire des histoires transformant le produit le plus frauduleux et insignifiant, en conte de fées. Les marques ont également créé des univers, une identification à des fantasmes individuels ou collectifs, mais rarement la transparence fut considérée comme un objectif ou une vertu. Le digital a pris le contre-pied, en tentant de percer cet écran de fumée, et en écrivant une histoire directe entre le consommateur et le produit qu'il convoite. Il a remplacé l'histoire racontée par la marque par l'expérience vécue par un utilisateur, une «vraie» personne, qui a vécu l'expérience que vous voulez vous offrir et vous en livre la réalité objective.

Bien entendu, dans un premier temps, la transparence n'a pas fait que des heureux, et ceux qui étaient prêts à en tirer les bénéfices étaient rarement prêts à y mettre le prix, pour les mériter. Alors les premiers à expérimenter, et subir cette dictature démocratique, cette nouvelle donne imposée par le terrain, ont quelque peu «bourré les urnes». Les commentaires s'en trouvaient enjolivés par des «amis» à la fois bien intentionnés, munis d'un PC offert par le commerçant et payés pour noyer les mauvais commentaires. Mais très vite, ces pratiques, dénoncées, ont dû céder sous la pression de la masse, toujours plus importante, qui rendait la triche impossible.

Le marketing des produits s'en trouve totalement modifié. Les marques ne vont plus pouvoir prétendre, mais devront prouver. Pas elles-mêmes, mais *via* leurs consommateurs. Et progressivement, par des influenceurs, ces nouveaux prophètes de la consommation, qui sont les nouvelles « speakerines » de l'ère numérique. Les nymphes du marketing, dont on peut questionner l'objectivité.

La notation est devenue bilatérale, comme la signature d'un contrat synallagmatique. Elle marque l'accord sur la qualité de celui qui rend le service et la qualité de celui qui en bénéficie. Il base la relation sur la qualité et la convivialité et le respect. Le locataire d'un logement Airbnb est autant noté que celui qui le propose. C'est le retour à l'accord entre les parties, qui est d'ailleurs la base du contrat anglo-saxon. On sent frémir dans les voiles d'un droit basé sur la loi et la jurisprudence, le poids d'un droit basé sur le contrat, ce qui est une remise en cause de notre culture, de notre méthode de fonctionnement, et par extension du rôle de l'État, de notre modèle, de notre système. Mais nous y reviendrons. Nous retenons que chacun se tient par la barbichette. C'est un équilibre qui n'a rien d'un lien eugénique. C'est un équilibre des forces, où chacun a intérêt à la bonne appréciation de l'autre, pour ne pas se mettre au ban de l'utilisation ou de la fourniture. C'est très fort. C'est un retour à la relation directe, et à la confiance, au dialogue. Ce dont la France a été privée au nom d'un système que l'on a voulu réduire à un rapport de force, en oubliant que casser le lien direct conduit à la défiance et à l'opposition. Et qu'un pays ne peut se bâtir et prospérer sur la défiance entre ses acteurs, ses composantes.

Mais la notation est surtout un outil au service de la qualité, de la compétence, du savoir-faire. Elle permet de départager ceux qui prétendent de ceux qui délivrent. Et de les rémunérer. Il est possible de parier que, loin de paupériser ses acteurs, l'ubérisation pourrait, à certaines conditions, entraîner une montée progressive de la rémunération de ceux qui offrent un service de qualité. Ainsi, au lieu d'une rémunération de misère, souvent présentée par les opposants de ce phénomène, on assiste à un prix croissant et une augmentation du pouvoir d'achat des acteurs.

Il faut donc réfléchir à la façon de pousser ces modèles vertueux et travailler à éliminer les modèles qui poussent le prix toujours vers le bas, car ils poussent la totalité de la société vers le bas, comme la grande distribution l'a fait en poussant aux délocalisations par la pression intenable mise sur la baisse permanente des prix. On oublie trop souvent qu'un prix bas, c'est un homme moins payé, et que cet homme est votre voisin, votre client, votre économie.

Nous avons l'obligation de réfléchir à ce système et d'encourager son côté vertueux. C'est possible. C'est nécessaire.

L'économie collaborative au chevet d'un monde malade

Ce dont nous parlons quand nous parlons d'économie ubérisée, ce n'est pas d'économie collaborative. L'économie collaborative est un autre système, basé sur des principes un peu plus « purs », post-« hippies » ! Dire cela est un peu caricaturer ce système, mais il fait partie d'une utopie, une utopie nécessaire à un monde désenchanté. Une croyance dans le possible, le solidaire, le circuit court, l'interrelationnel. C'est aussi une nécessité, pour des millions de personnes que la dureté économique a éloigné de toute ascension possible. C'est une option, pour une classe moins nombreuse, qui a les moyens d'être consciente et souhaite préserver sa planète de nombre de ses démons. Heureusement, que ce soit par nécessité ou par choix, le résultat pourrait être le même, un monde meilleur. Un monde meilleur est un monde qui prend des mesures pour le sauver.

Notre santé est mise à mal par les dérives des géants de l'alimentaire et les distributeurs qui en sont les complices. Ce qu'ils ont intégré à notre alimentation au fil des années provoque dans nos corps des désordres tels qu'ils font le bonheur de l'industrie pharmaceutique, mais la détresse de nos organismes. L'économie collaborative peut contribuer à y remédier.

Elle peut donner la parole et l'acte, à des agriculteurs qui peuvent espérer qu'en investissant dans une culture saine, ils pourront trouver sans peine et sans coût, la voie vers un consommateur responsable, motivé par le retour à une alimentation normale, riche, propre, sans ces additifs d'apprentis sorciers, scandaleux et indignes d'une société civilisée.

Notre air est devenu irrespirable. L'économie collaborative peut contribuer, même modestement à réduire l'impact de nos trajets, de nos transports, allonger la vie et l'utilisation des produits, afin de ralentir le rythme que nous imposons à nos entreprises pour les produire, à un coût toujours plus bas, au détriment de la place et de l'enrichissement de l'homme.

Notre croissance est en panne, la faute à un système à bout de souffle. Nous devons le réinventer. L'économie collaborative propose un autre mode. Plus responsable, plus solidaire, plus ouvert, moins pyramidal. Nous aurons peut-être du mal à créer la croissance, mais nous pouvons en améliorer notre revenu net. C'est aussi ce qu'offre l'économie collaborative. Réduire ses charges, partager les coûts. Afin que chacun puisse rêver à une vie meilleure.

La propriété devient difficile à acquérir, notamment dans les centres urbains. Dans les hyper-centres. L'économie collaborative, qui permet de mettre l'usage au centre, vole au secours de cette réalité. Un usage qui permet de réduire les coûts et d'accroître les revenus. Raison pour laquelle il faut laisser plus de liberté à cette économie et ne pas vouloir la punir à tout prix, sous prétexte de barrer la route à des acteurs du fait de leur nationalité d'origine, ou de réglementer quelques « déviants ». La punir, c'est punir une majorité silencieuse qui tente de gagner un peu, en sacrifiant parfois beaucoup.

De la chaîne de valeur traditionnelle à la nouvelle chaîne de valeur

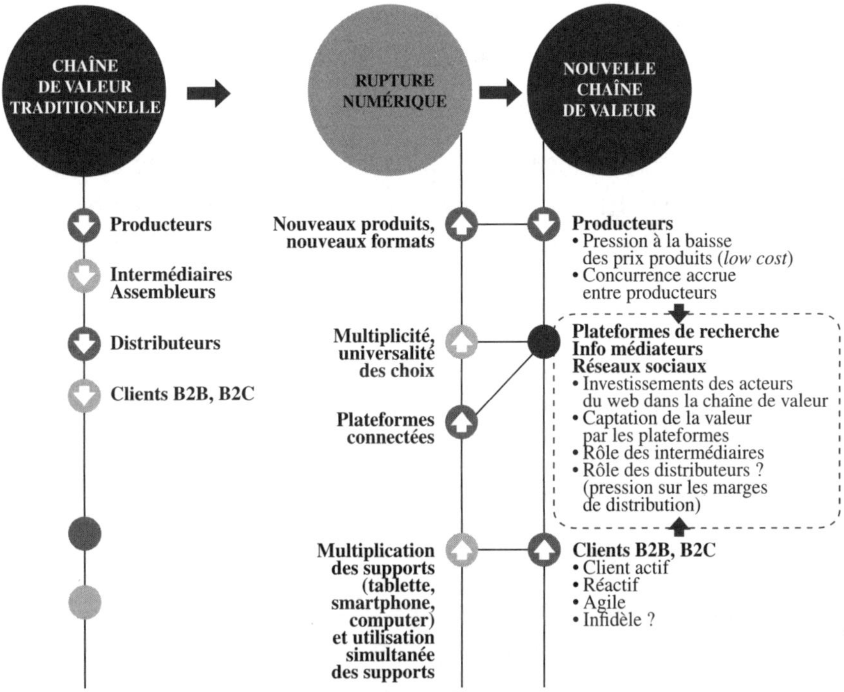

Source : Bpifrance.

C'est une société plus horizontale et solidaire que pourrait bâtir cette nouvelle forme d'ermitage géant, ces hippies numériques du XXIe siècle. « *Peace and share* » pourrait être leur nouveau slogan.

Et le blockchain ?

Dans sa forme la plus technologiquement aboutie, le blockchain est potentiellement une nouvelle forme de démocratie. C'est une donnée répartie au lieu d'être concentrée entre un nombre de mains trop peu nombreuses. Une donnée sans pouvoir central, qui remet à plat la société descendante – voire condescendante. C'est une monnaie, le bitcoin, qui échappe à des acteurs au nombre aussi limité que leurs pouvoirs sont illimités, réservant à quelques-uns l'accession aux meilleures places au soleil de la société. Des transactions appartenant à chacun, et donc à tous, qui puissent se réaliser sans attendre l'intervention d'un pouvoir unique. La révolution est potentiellement énorme.

Enfin, la technologie, au-delà de la simple ubérisation, est porteuse de promesses fortes. De capacités de produire une alimentation de qualité, avec moins d'eau, d'énergie, moins de salariés aussi (mais on ne peut pas gagner sur tous les tableaux). Il existe aujourd'hui des expérimentations, voire des réalisations bien concrètes, qui permettent ce miracle, aux États-Unis, dans les pays du Nord, etc. La technologie d'une société française permet aussi de tester l'air dans nos entreprises, et de le purifier immédiatement. La technologie nous permettra de développer la prévention des maladies, plutôt que leur guérison médicamenteuse, coûteuse et souvent partiellement inefficace. La technologie nous permettra d'accéder aux bienfaits que la médecine chinoise a compris depuis bien longtemps, mais dont la technologie décuple les bienfaits.

Tout porte tout et le contraire de ce tout. Le Tout Tout, une vie de chien quoi ! Nous avons l'opportunité de conjuguer la technologie avec des usages permis massivement par les outils que ces technologies ont mis à notre disposition. Nous avons des systèmes de livraison révolutionnés par l'ubérisation. Ces systèmes permettent d'assurer non seulement une livraison plus rapide, mais surtout d'avoir détecté et trouvé la marchandise la plus proche de soi. Le rêve de certains (Amazon) est de pouvoir prédire vos achats afin d'anticiper les stocks nécessaires et l'endroit où ils devront se trouver. D'autres comme Google souhaitent indexer tous les stocks des magasins existants, ceux les plus proches de vous, afin de proposer leur stock au plus près de chez vous au meilleur prix. Ces systèmes permettent de réduire les transports, les déplacements : moins de carbone, moins de pollution, moins de gaspillage car moins de stocks perdus. Optimisation du chiffre d'affaires par la réduction des stocks, meilleur rendement et profits pour les acteurs économiques.

L'ubérisation et les technologies ouvrent des perspectives. Réelles. Il est possible que l'homme saisisse l'opportunité qui lui est offerte de révolutionner le capitalisme, rapprocher les hommes pour de bonnes raisons, leur redonner le pouvoir, le sens de la responsabilité, du bien. Il suffit de montrer les perspectives pour lancer la dynamique, la mettre dans les champs du possible. Quand cela devient possible, cela peut arriver. C'est la première marche. Le pied est en mouvement et prêt à gravir la seconde.

Allons, enfants de la patrie, le jour de l'ubérisation est arrivé, et il peut être heureux. Cela ne dépend que de nous.

Conclusion

Nous vivons une époque formidable. Nous vivons une époque inquiétante. Nous voyons se développer toutes les opportunités. Nous voyons surgir tous les dangers. Nous vivons d'une croissante facilité, nous subissons une incroyable complexité. Nous bénéficions d'une information et d'une transparence sans équivalent, et sombrons dans une forme d'obscurantisme, au même moment. Nous nous promettons la vie éternelle, l'amélioration de l'homme et la mort de l'homme tel que nous le connaissons, à la fois. Nous créons mille nouvelles activités économiques qui promettent un renouvellement d'une croissance poussive et poursuivons le remplacement d'un homme trop imparfait et toujours trop coûteux. Le jour et la nuit, le Ying et le Yang, le rêve et le cauchemar. L'ami et l'ennemi. La seule conclusion valide est que notre monde est toujours en perpétuelle évolution, et que notre environnement modifie en permanence son équilibre, de gré et de force.

La conclusion est que la vitesse l'emporte sur la réflexion, le court terme sur le sens. Il n'existe pas de définition du sens qui serait bon, car alors nous devrions nous plier à une « morale » unique, mais rien ne nous empêche de tenter d'avoir du bon sens.

Est-ce que la société, que le digital transforme et accélère, sera notre salut ou notre perte ? Est-ce que l'ubérisation, telle qu'il est commun de l'appeler en France, sera notre meilleur ennemi ou notre pire ami ?

La réponse à cette question n'existe pas. Elle nous appartient. C'est à nous d'en décider, à nous de dessiner le mouton, dont nous voulons la laine. À nous de conserver le rêve de Saint-Exupéry et de le dessiner tel qu'il pourrait orner nos rêves. À nous de lui donner un sens et une orientation. À nous de le tailler à la mesure de l'homme au lieu de vouloir tailler l'homme à sa mesure.

Tout changement porte en son sein la promesse du meilleur et la perspective du pire. C'est ce qui fait la caractéristique de l'humanité, de l'homme. C'est son imperfection qui le rend parfait et différent. C'est son talent individuel qui est magnifié lorsqu'il le met au service du collectif. Le numérique possède cette force potentielle. Celle de magnifier l'individu, de préserver sa spécificité et même sa rusticité, son souhait de rester gaulois s'il le souhaite, à partir du moment où il accepte le monde et ne le craint pas.

Il en est de même en matière économique. Il ne faut pas craindre la mondialisation, elle a commencé quand nos ancêtres ont quitté le berceau du monde, l'Afrique, pour s'aventurer dans le vaste monde. L'homme ne craignait pas la mondialisation, car il la décidait et la construisait. Il restait lui-même, ou une évolution de lui même, ailleurs. Aujourd'hui la mondialisation est agitée comme le Satan, alors qu'il ne s'agit pas d'avoir peur de « plus de mondialisation », il faut simplement qu'il y ait « plus de France ». Si nous étions forts, nous n'aurions pas à avoir peur.

Technologie et humanité

Il en est de même pour le numérique, le digital. Il ne faut pas moins de numérique, il faut plus d'humanité. Le numérique doit magnifier l'homme et consacrer sa place, en aucun cas vouloir l'annihiler. Si nous construisons notre propre disparition, nous avons perdu le sens de l'objectif final, c'est-à-dire le progrès que nous devons aux 7 milliards d'individus que nous avons pris la responsabilité de mettre sur cette planète et aux 10 milliards que nous aurons à y faire vivre d'ici 30 ans à peine.

Vide intellectuel et institutionnel

L'une des grandes questions, non tranchée, c'est de savoir ce que l'on doit retenir des thèses qui s'affrontent, de façon quasi invisible d'ailleurs, entre quelques intellectuels et courants, qui proposent des visions totalement opposées. Les courants humanistes, les courants matérialistes, les courants utilitaristes, les courants transhumanistes et enfin les courants post-humanistes. Ces affrontements, qui ne sont pas nouveaux, puisque certains sont ancrés dans la naissance d'un ordre moral et religieux, qui se forgent depuis la victoire des religions monothéistes, prennent un tour particulier à un moment où l'homme pense être sur le point de pouvoir répliquer et améliorer l'homme, grâce aux technologies, et demande à ce qu'on le laisse faire, au nom d'une amélioration de sa conscience morale, de sa capacité individuelle à imposer le bon sens, l'amélioration de l'humanité, en donnant un pouvoir augmenté à toute l'humanité et non au modèle dominant, celui de l'homme blanc, afin de parvenir (rétablir ?) à un équilibre plus « juste ».

Un autre impératif serait de questionner la volonté d'investisseurs qui ne voient dans ces évolutions qu'une promesse de gain, alors que l'essence de l'homme est en jeu et que réguler ces investissements en en questionnant le sens, pourrait relever du bon sens. Alimentés par un carburant sans limite, les chercheurs et entrepreneurs pourraient aller un peu vite en besogne sur des sujets qui sont moins neutres pour l'humanité que de se mettre en réseau sur Facebook, ou de remettre en question la typologie de notre droit et vision du travail.

Enfin, il y a urgence absolue à ce que les nations se saisissent de ces sujets, auxquelles elles sont totalement aveugles et devant lesquelles elles restent muettes. Qui a entendu ou assisté à des débats lancés au niveau des gouvernements ou de leurs émanations, sur ces sujets essentiels ? Personne !

La France ?

L'ubérisation a été le révélateur de ce que le digital nous promet. Un nouveau modèle économique, une vitesse folle, un usage facilité, un prix adaptable, une capitalisation monstrueuse, un leadership mondial effréné. Venu des États-Unis, comme la plupart des leaders de cette planète. Un choc de culture pour une société française morcelée, corporatiste, aux mains d'un État tout-puissant malgré son endettement et ses déficiences, et une classe politique débordée par la vitesse et la profondeur du mouvement.

La France a une fragilité particulière dont nombre de pays avoisinants ne souffrent pas. Elle a organisé le pays en rentes structurées, qui se voyaient affecter une fonction, un territoire et un revenu associé. Garantis à vie. Et en moins de 5 ans, des « barbares mal élevés », des « prédateurs » comme le disent certains politiques, viennent fouler au pied cette machine endormie, habituée au confort de la rente, du statut et du pouvoir, et déclenche l'étincelle qui embrase le pays d'une violence sans pareil.

La France, qui repose sur l'État, qui représente plus de la moitié de son PIB, et sur 25 des 500 plus grands groupes mondiaux, est naturellement obèse, lourde et lente, comme toute structure « à surcharge pondérale », et souffrira bien plus que les pays voisins qui ont basé leur économie sur des PME agiles, fortes et internationales. Dotée de 99 % de sociétés de moins de 250 personnes, sous-capitalisées, mal payées par leurs donneurs d'ordres, la France, à l'autre extrémité du spectre, est incapable d'affronter des géants américains surcapitalisés, rapides, internationaux et sans état d'âme.

Nous allons donc souffrir. Nous nous rassurons en nous gargarisant de posséder quelques licornes, ces sociétés valorisées à plus d'1 milliard de dollars. Maigre consolation pour la sixième puissance mondiale, qui n'aligne aucun acteur de taille mondiale. Aucun acteur qui serait connu aux États-Unis, en Chine, en Inde ou en Afrique, lors d'un sondage spontané dans la rue. En Europe, certains connaissent et achètent à Oscaro, Vente-Privée, Show Room Privé, Spartoo et Sarenza. Aux États-Unis, on connaît Criteo et quelques entrepreneurs français comme Renaud Laplanche. Et c'est tout.

Nous avons investi 60 fois moins dans le numérique que les États-Unis en 2015. Nous avons 100 fois moins de succès mondiaux que les technologies israéliennes, petit pays, mais qui a plus de sociétés cotées au Nasdaq que tous les pays d'Europe réunis.

Nous sommes donc constitués de géants « obèses » et de nains maigrelets. Paradoxalement, chacun pourrait devenir le remède de l'autre. Les « mixer », les faire travailler ensemble, les rassembler pour réussir, est la clé de notre avenir, de notre rebond. Il en est de même pour les hommes. Il faut réinventer une utopie, proposer au plus grand nombre d'y adhérer, leur montrer la place qu'ils peuvent et doivent y jouer, et les rassembler pour y aller ensemble au lieu de jouer la disparition d'une partie d'entre nous au nom d'un progrès « bidon ».

Nous vivons dans un espace européen, qui, en matière de numérique, offre le même brillant succès qu'en matière d'affaires étrangères, d'harmonie fiscale et sociale ou politique. Pas de politique numérique à l'échelle de cet espace, que chacun nous présente invariablement comme le poids lourd de l'économie mondiale. Mathématiquement oui. Pratiquement, c'est une utopie, presque une farce. Aucun géant européen, à part l'allemand Rocket Internet peut-être, et aucune tentative de vouloir gagner la bataille, qui seule, mérite d'être gagnée, pour assurer une souveraineté équilibrante. Celle de la « data ». La donnée. La R&D est bien plus impressionnante en Corée, en Israël, progressivement en Chine et en Inde qu'en Europe. Nous devenons des nains et les nains subissent toujours la loi des géants. David et Goliath sont une satisfaction intellectuelle qui ne connaît que peu de traduction au quotidien. Oui les Uber, Google, Facebook étaient encore des David il y a peu, et ils sont puissants parce qu'ils deviennent les Goliath.

Nous allons souffrir. C'est bien possible. Et pourtant nous avons en nous la capacité du rebond. La capacité de faire passer notre pays du purgatoire avec un net penchant pour un glissement vers l'enfer, au paradis, que pourrait promettre le numérique, le digital, l'ubérisation, si elle est voulue, gérée et réfléchie. La réponse nous appartient.

Plus forts ensemble

État et société civile associés, puissances intellectuelle et économique associées, car la réussite nécessitera la contribution et l'écoute de chacun. En effet, ce qui est en cause, ce n'est pas une révolution technologique, un changement majeur, mais bien le sort de l'humanité. La réussite du passage à un nouveau modèle, qui devra faire de l'homme et de la planète, son unique objectif au risque de disparaître. Nous devrons savoir décider des limites à imposer au modèle pour mieux le libérer de toute contrainte. Une fois débarrassé de ses « tares », il pourra prospérer et l'homme avec lui.

Il s'agit non d'une révolution technologie, mais de l'occasion donnée par les technologies à une révolution sociétale, profonde, durable, qui mêle pour la première fois des intérêts aussi divergents que la morale, la philosophie, la place de l'homme et les modèles économiques. Aucun de ces éléments, pris individuellement, n'est totalement neuf. C'est leur conjonction qui est l'élément clé. Il faut donc lui donner l'attention que cela mérite. La totalité du mode de fonctionnement de notre société est remis en cause. La définition de l'homme est remise en cause. Nous voulons même nous redéfinir nous-mêmes, en touchant à nos gènes, notre âge, nos caractéristiques, en nous améliorant

La réussite de cette période de transition dépendra de notre capacité à réfléchir, travailler, nous rassembler pour réussir, prendre le meilleur et éviter le pire. Un espoir existe, mais il demande que les mains se tendent vers celles de l'autre, que les acteurs de l'économie actuelle et les nouveaux acteurs se réunissent pour travailler à définir leur cadre concurrentiel. Que les intellectuels et « faiseux », politiques et société civile, jeunes et seniors, salariés et entrepreneurs, se rassemblent avec une visée unique : le progrès, la préservation de la place de l'homme.

Ailleurs dans le monde

Dans les pays émergents les technologies sont un outil de rattrapage. Libérateur, potentiellement mis au service des poussées les plus démocratiques comme des plus néfastes et obscures. L'homme oppressé, comme l'oppresseur néanmoins, dispose désormais de quoi dépasser les limites qu'on voulait, tout en haut, leur imposer. Là aussi pour le meilleur et le pire. Le numérique libère autant l'opposant condamné injustement à mort, que la puissance de mort des extrémistes religieux du monde entier.

C'est un outil de rattrapage éducatif, économique, personnel, qui rassemble ceux qui étaient séparés, éloignés, exclus pour en faire une force d'une puissance que le réseau et l'information peuvent démultiplier. Ils se libèrent de ce que le haut leur imposait, dans des sociétés souvent despotiques, dans lesquelles l'information et la division étaient autant d'outils de répression. L'éducation y était réservée à certains, elle est désormais disponible à tous, et permet la contestation et donc une forme de liberté. C'est donc potentiellement un outil de libération et d'autonomie. Tout le contraire de l'organisation imposée par quelques-uns, le contraire (ou non) de la domination du modèle « blanc » sur le reste de l'humanité.

Pour les pays développés, c'est un outil qui, par la violence qu'il impose à ceux pour qui le confort était devenu habituel, et le pouvoir une obligation, redonne à un consommateur et un citoyen assoupi, le pouvoir de reprendre conscience de la vulnérabilité du système qu'il pensait immuable jusqu'alors. Un système qui lui donnait quelques raisons de douter, qu'il sentait vaciller (chômage, déficit, absence de croissance), qui ne lui inspirait plus confiance, représenté par des politiques auxquels il n'accorde plus de considération. Et tout à coup, débarquent des systèmes plus souples, plus rapides, moins coûteux, qui lui prouvent que là encore, de nouvelles vérités s'invitent par le bas et non plus par le haut. Tout à coup ces outils lui permettent de reprendre le pouvoir sur la solidarité, le fonctionnement du quotidien, le choix professionnel, la durée de son travail, sa forme, son coût. Oui, ce sont également des instruments de contournement de règles établies. Les débats devront établir si la préservation des acquis du passé doit rester la norme démocratique absolue ou si de nouveaux équilibres ne seraient pas nécessaires au bénéfice d'un plus grand nombre.

Les peuples réalisent, pour certains en tout cas, que ce qui leur a été présenté comme une perte de liberté en échange de plus de sécurité est un leurre, que la liberté a effectivement disparu, mais que la sécurité n'est plus là. Ni physique, ni économique :

- PME ou TPE réalisent que le financement n'existant plus, la solution pour l'investissement c'est celui du « peuple », *via* le crowdfunding. Plus besoin d'attendre du haut, État ou banque, il suffit de solliciter ses pairs.
- L'agriculteur ou l'éleveur, assommé et « rincé » par une grande distribution au pouvoir unique au monde, qui a fait, bien longtemps, peu de cas des petits et des faibles, réalise que le numérique lui donnera accès en circuit court et avec une meilleure marge, à ces marchés que ses donneurs d'ordre retenaient en otage.
- Ceux qui désespèrent de la dégradation de la planète réalisent que les initiatives privées et la solidarité humaine feront plus par la volonté, les technologies et leur véhicule numérique, que les grands messes des chefs d'État qui peinent à mettre en œuvre

10 % de leurs promesses arrachées à l'issue de réunions marathon.

- Ceux qui pensaient que l'emploi ne sonnerait jamais à leur porte, majoritairement au chômage de longue durée, et souvent discriminés pour avoir le mauvais faciès et la mauvaise adresse, trouvent tout à coup une activité rémunérée, décente et acceptable. Socialement valorisante et reconnue.

La révolution en marche est là. C'est également la transparence, qui rend plus difficile le mensonge, y compris celui d'État. Car chacun devient un veilleur et un informateur qui vient « challenger » la vérité officielle par la photo, la vidéo, le témoignage, le détournement de sources secrètes.

Dématérialisation, usage contre propriété

Plus encore, c'est la remise en cause d'une culture de la propriété, des stocks, de la rétention, par celle de l'usage, des flux et de la diffusion. Nos cultures sont avant tout le produit de l'histoire et notamment des influences religieuses originelles, et la propriété y tient un rôle majeur. Elle a longtemps séparé les hommes. Entre ceux qui étaient sujets de droit, et ceux qui n'en étaient que l'objet. Le combat pour la propriété, la culture de la possession sont ancrés en chacun de nous. En tout cas, pour notre génération. Cette culture fonde l'envie de consommation, pousse à travailler pour épargner, épargner pour acheter sa propriété et la transmettre en mourant à une génération qui en fera de même. Certains empilant ces possessions au fur et à mesure des générations et d'autres devant faire avec la même, qui se dégrade au fur et à mesure du temps.

Le jeune qui crie contre le CPE sous le gouvernement Villepin et contre la Loi El Khomri aujourd'hui, cite au premier rang de ses revendications, l'incapacité à emprunter pour acheter. Et pourtant, au même moment, la propriété devient « *has been* », et l'usage, le fait de pouvoir utiliser tout ce qu'on ne pourra jamais acheter, d'avoir ne serait-ce qu'un rapide flirt avec l'objet d'un désir qui ne sera que provisoirement assouvi, le CDD du désir en somme, devient la référence. Mieux vaut un petit bout de tout, que la totalité d'un seul bien.

C'est donc cette conjonction de l'autonomie, d'une liberté retrouvée, d'une défiance du sommet, de la remise en cause de fondamentaux structurants que le digital permet, et c'est en cela qu'il change la donne. Et il le fait à une vitesse qui fait passer Space Mountain pour un tourniquet pour enfant. Et cette vitesse s'autoalimente un peu plus chaque jour. La Terre a le tournis, chacun est dépassé, même si les crises et les dérives, les politiques et les bulles menacent de freiner le mouvement d'un jour à l'autre. Le cyclotron est en marche et la machine à ouragan est opérationnelle.

Ainsi présentée, on devrait pouvoir accueillir l'ubérisation les bras ouverts et détendus. La nouvelle religion serait numérique car parée de tous les atouts, une forme de collectivisme libéral, qui allierait le meilleur de chaque idéologie au profit du plus grand nombre et contre l'oligarchie que sont devenues la plupart des démocraties occidentales, faites d'élites incestueuses qui s'autoreproduisent. Ce n'est pas le cas. Il n'y a pas que l'éléphant qui trompe énormément. L'animal paraît sympathique, mais dans nos économies de porcelaine, il peut aussi faire des ravages.

La facilité et la gratuité de l'usage ont détruit progressivement la notion de valeur. Plus rien ne vaut rien. Le digital a également donné l'illusion dangereuse que tout prix était un vol et que la marge était imméritée. Le profit, un viol de la société. La gratuité est de mise et justifie tout. Y compris les plus grands sacrifices. Google l'a bien compris qui fait un profit gigantesque de l'exploitation du principe de gratuité, de ce petit profit, ou plutôt de cette petite économie qu'il nous permet de réaliser en ne payant pas le moteur de recherche qu'il nous offre généreusement. En tuant la valeur chez les autres, il l'a captée pour lui seul et nos Français, dont c'est le moteur utilisé dans 95 % de leurs recherches, applaudissent. Nous oublions que la valeur volée aux autres, qui nous semble douce pour les économies qu'elle nous a permises, se paie au prix fort et à notre détriment. La valeur créée par Google appartient aux internautes, qui pourtant n'en profitent pas.

Pas plus que notre système de taxation. Il faut que notre Qwant national puisse révolutionner cela. La France doit offrir au monde un modèle alternatif et attirer chez nous ces contre-révolutionnaires. L'internet des sans-culottes français doit être pour maintenant !

L'immédiateté conduit à l'aveuglement, car pour voir il faut lever la tête et le nez pour retrouver la notion d'horizon. D'avenir. Il faut accepter de perdre du temps pour en gagner, et la pression que ces outils mettent sur la réaction immédiate à tout stimulus va produire une génération qui réagit au lieu d'agir, et qui ne se pose plus la question de la raison pour laquelle elle fait les choses. Elle le fait, car c'est ainsi. Elle va rendre encore plus extrême la culture du court terme qui tue déjà nos sociétés. Cette culture qui a fait du profit à court terme, la religion du capitaliste, transformant l'humain en variable d'ajustement pour améliorer ses profits et en dévalorisant la beauté de l'entrepreneuriat et la normalité de la rémunération du risque. Privilégier l'instant présent, c'est refuser de donner à l'avenir l'attention qu'il mérite, cela anesthésie les masses, c'est le nouvel opium des peuples, qui font de la satisfaction immédiate un art de vivre et une obligation à sacrifier au Dieu numérique.

L'immédiateté est l'ennemi de la mémoire, et comme le dit une prière juive, « l'oubli est la pire des morts ». Il n'y a de construction, de fidélité, d'attachement, de respect, que par le rapport au temps. Perdre la mémoire conduit à s'interdire l'avenir et remplacer une perspective d'avenir par une succession de « petits avenirs à court terme ».

La facilité et les promesses d'immortalité, qui flattent et excitent l'être humain depuis le début du temps, impatient de tuer le père supposé, le Dieu qui nous aurait créés et nous possède, dont nous voulons nous affranchir en reculant ou « tuant » la mort qu'il nous a imposée, vont nous pousser à la faute. Certains, Google encore, veulent « tuer » la mort. Nous rendre immortel. Et diriger notre vie, pouce dirigé vers le haut ou le bas, selon leur bon désir, depuis les cieux où ils rêvent de siéger en maîtres du nouveau monde. Un monde qu'ils fabriquent avec talent et assiduité chaque jour, investissant dans leur permis de jouer à Dieu à coup de centaines de millions de dollars – une paille pour un géant que notre aveuglement rend riche un peu plus chaque jour. Google n'est pas mauvais en soi. C'est ce qu'il nous prépare qui fait froid dans le dos, quand on accorde encore à l'homme imparfait et mortel une véritable attention. Le vrai problème, c'est que Google est seul. Sans concurrence.

L'usage, la gratuité et la facilité nous feront accepter bien des dérives et renoncer à voir et entendre des hommes diminués à l'heure où l'on prône l'augmenté. La promesse de la vie éternelle nous fera accepter tous les renoncements, et notamment, nous empêchera de nous poser des questions sur la propriété des données, nos données, sur nos vies, jusqu'au plus profond de notre ADN, pour quelques miettes de vie gagnée. Pour une maladie soignée. Elle nous empêchera de réfléchir à l'implication pour l'humanité de cette limite toujours repoussée de la vie de l'homme au point de ne plus faire de différence entre l'homme et le robot, lancés dans une compétition pour savoir qui finira au service de qui.

Une compétition qui aboutit à considérer l'imperfection comme une infirmité originelle, punition d'un Dieu injuste, que l'homme doit corriger, au point que nous serions capables de nous demander à quoi ressemblerait une humanité dans laquelle chacun d'entre nous verrait ses lacunes et faiblesses corrigées, dans laquelle nous serions augmentés d'une telle façon que nous serons tous les mêmes, et pour l'éternité (ou bien tous plus inégaux que jamais, si cette opportunité est réservée à certains). Quelle tristesse ! L'immortalité, c'est la mort ! L'homme restera éternel tant qu'il acceptera de mourir, mais notre sensation est que nous allons vite oublier la sagesse des anciens. L'obsession de l'augmentation de l'âge pourrait bouleverser notre équilibre de façon définitive et imprévisible. Nous n'y voyons que bien peu d'anticipation et de réflexion.

Et l'immortalité pour qui ? Tous ou certains ? Visée démocratique ou élitiste, exclusive ? Nombre de réflexions transhumanistes ont une visée humaniste, démocratique, quasi ou totalement égalitariste. Mais certains y voient une expression libertarienne, qui doit aboutir à laisser faire et ne rien réguler. Au risque de réserver le meilleur à ceux qui en ont les moyens et que le marché, transformé en moteur de la sélection darwinienne, aura privilégiés. Le transhumanisme mérite une réflexion lourde, un travail profond.

Le danger qu'il représente n'est rien en comparaison des « délires extrêmes des post-humanistes ». Ils visent à créer une nouvelle espèce, une gigantesque interface homme-machine qui échappe à toute définition et toute limite, mais s'éloigne de façon certaine de ce que nous appelons un homme. Ces « extrémistes », s'ils ne sont pas eugénistes au sens strict de la définition de ce terme, n'en restent pas moins les docteurs Frankenstein de l'être suprême, d'une race supérieure, au pouvoir immense lié à la maîtrise de l'utilisation de milliards de données aux fins de « mieux » gérer notre monde malade. Pour eux, il faut une espèce nouvelle pour guider l'homme, devenu fou, et trop imparfait pour qu'on continue à lui faire confiance. Il y a fort à parier que cette nouvelle espèce « parfaite » nous réserve bien des imperfections ! À la tête de tout cela, oh surprise, Google, bien sûr, et son homme lige et sa « Singularity University », un type pourtant brillant, qui prouve que la frontière entre le génie et la folie reste très fine.

Voilà pour les dangers. Ils ne sont pas neutres. Nous sommes à la croisée des chemins. Il faudra donc magnifier les bénéfices potentiels. Une réflexion philosophique et éthique est nécessaire, ou éthologique diront certains, pour tenir compte du fait que l'éthique fait appel à une conception « morale », établie et irréversible, elle-même conséquence de préceptes que la religion et l'habitude auraient établi comme l'étalon universel du bien et du mal. Pourquoi ne pas, en effet, améliorer la vie de ceux qui souffrent, éradiquer les maladies, remettre sur ses pieds l'enfant paraplégique, la mère mourante, l'ami atteint d'un cancer en phase terminale ? Nous devons avoir la possibilité de développer les technologies pour adoucir notre vie et ses souffrances. Pour étendre notre vie en bonne santé. La réponse ne doit pas être négative par principe, mais il faut s'y pencher, au niveau international. Très vite.

Et ce livre, qui voulait avant tout tenter d'expliquer un phénomène économique, mériterait la réflexion des plus puissants cerveaux, sages, entrepreneurs, politiques, acteurs, artistes, scientifiques de la société, tant les implications sont énormes. Il est rassurant de voir que des hommes comme Bill Gates ou Elon Musk, que l'on peut difficilement soupçonner d'être des anti-technologiques primaires, alertent eux aussi sur le manque de réflexion qui distingue la course aveugle aux technologies, principalement pour des raisons financières, de profit facile. Ils estiment que l'intelligence artificielle est l'un des dangers les plus importants que nous promettons à notre planète. Et que déléguer à un Cloud anonyme notre intelligence, notre bien le plus précieux, demanderait à minima un peu de réflexion.

L'entreprise, le capitalisme, oui mais lequel ?

L'entreprise est la plus belle invention et le capitalisme entrepreneurial également. Celui de l'actionnaire qui risque son argent, le laisse à long terme pour bâtir un projet, y associe progressivement le plus grand nombre et en retire dividendes et plus-value de façon tout à fait logique et légitime. Il apporte le progrès et partage la valeur. Ce n'est pas celui qui soutient l'économie actuelle, ni celle qui lui succède. S'il est vrai que la nouvelle génération, mais aussi celle plus âgée, désabusée par un système qui l'a trahie, cherche à donner plus de sens à sa vie et à la portée des choses, elle est largement compensée par une autre, qui ne renonce à rien et considère, elle, que le seul sens qui vaille, est financier. Pour cette dernière, le profit sans réflexion reste la seule forme de notation possible du progrès humain.

C'est pourquoi nous pensons, à l'Observatoire de l'Ubérisation, qu'il est important de réfléchir, vite, puissamment, afin de prendre le meilleur et filtrer le pire. Et faire de la France un modèle puissant économiquement, capable d'imposer mondialement un modèle lumineux mais économiquement viable, technologique sans être aveugle, qui utilise chacun mais en partage la valeur avec tous. C'est ainsi que nous avons réuni toutes les composantes de la société, dotées de visions parfois contradictoires et opposées, afin qu'elles réfléchissent à ce qui pourrait nous unir, être notre terreau commun et enrichir l'humanité. Une évolution choisie et non subie, à laquelle nous donnerons un sens, plutôt qu'accepter celui qu'on veut nous imposer sans réflexion.

Chaque élément de la vie porte une part de lumière dont l'ombre est l'accessoire indissociable. Sous chaque ville d'hommes, une ville de rats. Le bénéfice est compensé par des risques monumentaux, l'espoir par des craintes, le progrès par la régression. À nouveau, c'est à nous de choisir de quel côté de la frontière nous voulons nous situer.

Nous espérons que ce livre aura su rester pragmatique, pratique, illustré par des exemples concrets et faciles à comprendre. Mais nous aimerions penser qu'il contribue modestement à la réflexion, en avançant nos positions, mais sans les imposer, afin de donner au débat la valeur qu'il mérite. Les forces contraires ne le restent que lorsque chacun souhaite les opposer. D'autres souhaitent faire du débat une force. C'est notre cas. Merci de votre lecture !

Glossaire

Algorithme

En informatique, un algorithme se définit de manière générale par une séquence d'instructions et d'étapes qu'on applique à un ensemble de données afin d'en produire un résultat.

Auto-entrepreneur

Régime fiscal et social simplifié de l'entreprise individuelle permettant une activité limitée en volume mais cumulable avec d'autres revenus. Plus d'un million de Français le sont devenus entre 2009 et 2016.

Bien Commun

Le Bien Commun est ce qui est profitable à long terme pour l'ensemble des membres de la société. Il se rapproche de la notion d'intérêt général. Si l'intérêt général est l'enjeu de la politique, le Bien Commun est une notion transcendante dont chacun s'estime porteur.

Big Data (mégadonnées)

Les Big Data (terme traduit par « mégadonnées ») désignent des ensembles de données numériques dont le volume augmente de manière exponentielle. Ces données peuvent par exemple être issues de recherches climatiques ou géologiques, de la surveillance routière ou encore de nos activités en ligne. La masse des données générées dans l'environnement numérique rend leurs traitements plus difficiles avec les outils classiques de gestion de base de données ou de gestion de l'information. Elles peuvent néanmoins être fouillées, liées et analysées à l'aide de technologies modernes. Cette analyse permet la création de nouvelles connaissances, peut générer pour les entreprises des avantages concurrentiels, ou alors offrir de nouvelles possibilités de contrôle ou de surveillance aux États.

Cloud/Cloud computing

Le cloud computing (informatique en nuage) permet de stocker des données et d'exécuter des applications à partir d'un serveur distant et d'y avoir accès en ligne. Il s'est développé de manière importante auprès des entreprises et des particuliers.

Consommation collaborative

La consommation collaborative est un modèle économique favorisant l'usage plutôt que la possession et permettant d'optimiser les ressources *via* le partage, le troc, la revente, le prêt ou le don de biens et services.

CRISPR

CRISPR-Cas9 est une nouvelle méthode révolutionnaire qui permet de modifier l'ADN de tout être vivant avec une facilité déconcertante. CRISPR-Cas9 est une enzyme qui peut détecter une partie spécifique de l'ADN et la détruire, coupant ainsi en deux la double hélice qui compose toute vie. La modification de l'ADN est ainsi devenue « grand public » dans le monde de la génétique. Plusieurs sociétés réfléchissent déjà à un moyen de l'utiliser comme un médicament pour lutter contre certaines maladies liées à la mutation d'un gène. (Source : G. Rozières, « CRISPR-Cas9, une révolution génétique qui promet beaucoup (et pose de nombreuses questions) », www.huffingtonpost.fr, 24 janvier 2016).

Disruption

La disruption renvoie à l'introduction de ruptures dans les manières de penser, de construire, de présenter, de distribuer un produit ou un service (*via* une innovation technologique, un changement de modèles d'affaires, de procédés, etc.). Le produit ou service devient beaucoup plus accessible et moins coûteux et bouleverse le marché jusqu'alors stabilisé. Cette transformation de marché implique alors une adaptation des acteurs établis sur le marché.

Domain Name System (DNS)

Le Domain Name System est un système permettant d'associer des noms en langage courant à des adresses numériques (type une adresse IP, composée d'une suite de chiffres).

Données de référence ou données pivots

Les données pivots sont des données de référence servant à nommer ou à identifier des entités (notamment des produits, des entités économiques, des territoires ou des acteurs – personnes physiques et morales). Ces référentiels sont indispensables pour lier des bases de données de nature hétérogène et construire une architecture informationnelle unifiée. L'ouverture en open data de ces données permettrait de donner sa pleine efficacité au projet du web des données (Linked Open Data).

Économie collaborative

L'économie collaborative désigne les pratiques et les modèles économiques organisés en réseaux ou communautés d'usagers. Elle comprend la consommation collaborative, le crowdsourcing, le crowdfunding, les monnaies virtuelles, ou encore la production en commun. Le périmètre du phénomène et sa qualification même (économie pair à pair, économie collaborative, économie du partage…) sont très discutés.

ESS/Économie sociale et solidaire

Le concept d'économie sociale et solidaire (ESS) désigne un ensemble d'entreprises organisées sous forme de coopératives, mutuelles, associations, ou fondations, dont le fonctionnement interne et les activités sont fondés sur un principe de solidarité et d'utilité sociale.

Fab Lab

Un fab lab (contraction de l'anglais fabrication laboratory, « laboratoire de fabrication ») est un lieu ouvert au public où il est mis à sa disposition toutes sortes d'outils, notamment des machines-outils pilotées par ordinateur, pour la conception et la réalisation d'objets.

Financement participatif (crowdfunding)

Le financement participatif est un mode de financement de projets désintermédié, permettant de lever des fonds, le plus souvent *via* une plateforme en ligne. Il se présente sous plusieurs formes :

- le mécénat participatif, ou crowd sponsoring (don sans contrepartie, don avec contrepartie non financière) ;
- l'investissement participatif ou crowd investing (modes de financement participatif avec contrepartie financière, c'est-à-dire soit avec partage de bénéfices, soit par l'émission de titres financiers) ;
- le prêt participatif ou crowd lending (avec ou sans remise d'intérêts).

Fournisseur d'accès à distance (FAI)

Un fournisseur d'accès à internet (FAI), est un organisme (généralement une entreprise mais parfois aussi une association) offrant une connexion à internet.

Hackathons

Événements où des développeurs et des innovateurs se réunissent, autour d'un objectif défini, pour faire de la programmation informatique collaborative, sur plusieurs jours.

Hébergeurs

L'hébergement internet est un service qui consiste à stocker des contenus dans ses serveurs et à les mettre à disposition *via* internet.

Incubateur

Désigne une structure accompagnant la création et le développement d'entreprises innovantes (pour passer de l'idée à l'entreprise). L'incubateur apporte à l'entreprise un savoir-faire, un réseau et des moyens logistiques (locaux, salles de réunion, accès à internet). Il existe plusieurs types d'incubateurs, publics ou privés.

Innovation ouverte/Open Innovation

L'innovation ouverte suppose que l'entreprise aille chercher à l'extérieur ou autrement, les idées et connaissances dont elle a besoin pour innover, et permette à d'autres acteurs de créer de la valeur à partir de ces innovations.

Intelligence Artificielle

Discipline scientifique relative au traitement des connaissances et au raisonnement, dans le but de permettre à une machine d'exécuter des fonctions normalement associées à l'intelligence humaine : compréhension, raisonnement, dialogue, adaptation, apprentissage, etc.

Interface de programmation (API)

Interface qui permet à un logiciel d'offrir des services à d'autres logiciels. Ce système est principalement utilisé pour permettre l'intégration de nouveaux services à une plateforme et l'interrogation, par un programme, d'une base de données externe.

Interopérabilité

Capacité que possède un produit ou un système à fonctionner avec d'autres produits ou systèmes existants ou futurs sans restriction d'accès ou de mise en œuvre

KBIS

Extrait délivré par le greffe du tribunal de commerce à tout intéressé souhaitant obtenir des informations juridiques et financières sur une société immatriculée au Registre du Commerce et des Sociétés (RCS). Pour une entreprise individuelle, il s'agit de l'extrait K.

Licences ouvertes

Une licence de libre diffusion ou licence ouverte est une licence s'appliquant à une œuvre de l'esprit par laquelle l'auteur concède certains des droits que lui offre le droit d'auteur quant à l'utilisation, à la modification, à la rediffusion et à la réutilisation de l'œuvre dans des œuvres dérivées.

Logiciel libre

Un logiciel libre est un logiciel dont l'utilisation, l'étude, la modification et la duplication en vue de sa diffusion sont permises, techniquement et légalement. Ceci afin de garantir certaines libertés induites, dont le contrôle du programme par l'utilisateur et la possibilité de partage entre individus. Un logiciel libre n'est pas nécessairement gratuit. L'open source, qui implique également que le code source d'un logiciel est ouvert et réutilisable, est un concept similaire.

Médiation

La médiation humaine est un accompagnement des usagers dans le but de les aider à s'approprier les services numériques publics ou privés, dans le cadre de la dématérialisation croissante d'un certain nombre de ces services.

Métadonnées

Une métadonnée est une donnée servant à décrire ou à définir une autre donnée. Pour les communications électroniques, cela désigne donc les traces laissées par une personne, à l'exception du contenu des échanges (coordonnées géographiques et temporelles relatives à une communication par exemple).

MOOC (massive open online course)/SPOC

Cours en ligne ouvert à tous et à distance car enseignants et élèves communiquent uniquement par internet. SPOC (small private online course) : la différence réside dans le fait que les participants sont moins nombreux car seulement une trentaine sont sélectionnés en amont et que ces formations à distance sont diplômantes.

Neutralité du net

La neutralité d'internet est le principe selon lequel l'ensemble du trafic internet est traité de façon égale, sans discrimination et indépendamment de l'expéditeur, du destinataire, du type de contenu, de l'appareil, du service ou de l'application.

Plateforme

Une plateforme est un service occupant une fonction d'intermédiaire dans l'accès aux informations, contenus, services ou biens édités ou fournis par des tiers. Au-delà de sa seule interface technique, elle organise et hiérarchise les contenus en vue de leur présentation et leur mise en relation aux utilisateurs finaux. À cette caractéristique commune s'ajoute parfois une dimension écosystémique caractérisée par des interrelations entre services convergents.

Posthumanisme

Le concept de posthumanisme est selon certains critères un humanisme achevé, libéré. Dans cette définition, on reconnaît un dualisme corps/esprit et on considère que c'est l'obéissance du corps à l'esprit qui constitue l'accomplissement de l'être humain. Selon d'autres critères, le posthumanisme est un antihumanisme où le corps est réduit à un simple épiphénomène dont la cybernétique, par exemple, nous promettrait la suppression.

Pure players

Désigne les entreprises dont l'activité est exercée uniquement sur internet.

Singularity University

Fondée en 2008 par le directeur du développement de Google, Ray Kurzweil et le médecin Peter Diamondis, passionnés de conquête spatiale, de nouvelles technologies et théoriciens du transhumanisme, elle développe des réflexions et des événements autour du point de rupture au-delà duquel l'intelligence artificielle dépassera l'intelligence humaine. La Singularity University est soutenue par Nokia et surtout par Google.

Start-up

Une start-up désigne une jeune entreprise à fort potentiel de croissance. Pour la plupart, ces entreprises développent une idée, un produit, un modèle économique ou une technologie sur le marché et réalisent des prototypes sur du moyen ou du long terme. Leur potentiel de croissance s'éprouve dans la capacité de l'entreprise à déployer rapidement leur idée sur le marché, et ce à l'échelle internationale, afin de s'imposer comme leader mondial dès le départ.

Télémédecine

La télémédecine est une des formes de coopération dans l'exercice médical, mettant en rapport à distance, grâce aux technologies de l'information et de la communication, un patient (et/ou les données médicales nécessaires) et un ou plusieurs médecins et professionnels de santé, à des fins médicales de diagnostic, de décision, de prise en charge et de traitement dans le respect des règles de la déontologie médicale

Tiers-lieux

Lieu ne relevant ni de l'espace domestique ni de l'espace professionnel. De nombreux tiers lieux se sont développés dans le domaine du numérique et du travail collaboratif : fab labs, espaces de coworking, incubateurs de start-ups, etc. Par leur ouverture, ils favorisent la rencontre de profils divers et sont ainsi des lieux privilégiés de partage, de socialisation, mais aussi d'innovation et d'entrepreneuriat.

Transhumanisme

Mouvement culturel et intellectuel international prônant l'usage des sciences et des techniques afin de surmonter nos limites biologiques et d'améliorer les caractéristiques physiques et mentales des êtres humains. Les transhumanistes cherchent notamment à ce que les gens vivent plus longtemps et en bonne santé, tout en augmentant leurs capacités intellectuelles, physiques et émotionnelles.

Ubérisation

Phénomène économique qui transforme et déstabilise un secteur économique avec un modèle économique innovant tirant parti des nouvelles technologies. Il tire son origine de la start-up américaine Uber.

URL

Uniform Ressource Locator (Localisateur Uniforme de Ressource), correspond en réalité sur le Web à une adresse de site.

URSSAF

Union de Recouvrement des cotisations de Sécurité Sociale et d'Allocations Familiales. Organisme qui recouvre les charges sociales des entreprises pour les distribuer ensuite aux organismes payeurs.

Bibliographie

« Travail à la demande : quel modèle social ? », Institut de l'entreprise, juin 2016.

« Uber : une innovation au service de la croissance », Cabinet Asteres, janvier 2016.

« Questions prioritaires relatives à la sécurité et à la santé dans le secteur du transport routier », Organisation Internationale du Travail, 16 octobre 2015.

« Automatisation et travail indépendant dans une économie numérique », OCDE, mai 2016.

« Économie collaborative », sondage pour le Syntec Numérique par Odoxa.

« Vers l'ubérisation bancaire ? », CSA pour le compte de Prisma Media Premium, janvier 2016.

« L'avenir du travail : quelles redéfinitions de l'emploi, des statuts et des protections ? », coordonné par Cécile Jolly et Emmanuelle Prouet, France Stratégie, mars 2016.

« Nouvelles formes du travail et de la protection des actifs », France Stratégie, mars 2016.

« Ambition numérique : pour une politique française et européenne de la transition numérique », CNNum, juin 2015.

« Travail Emploi Numérique : les nouvelles trajectoires », CNNum, janvier 2016.

« Relever les défis du numérique et des nouvelles formes de travail », MEDEF, Odile Menneteau et Céline Micouin, printemps 2016.

« Les Français et l'ubérisation de l'économie », Étude OpinionWay – Capgemini Consulting, octobre 2015.

« Uberiser votre business : une transformation inévitable », Capgemini Consulting, hiver 2015-printemps 2016.

« Les Français et l'ubérisation », Harris Interactive pour Elia Consulting, février 2016.

« Les habitants du Grand Paris et les VTC », Sondage de l'institut CSA pour la FFTPR (Fédération Française du Transport de Personnes sous Réservation), avril 2014.

« The Sharing Economy », PWC, décembre 2014.

« What's mine is yours – for a price. Rapid growth tipped for the sharing economy », Étude internationale d'ING sur l'économie du partage, juillet 2015.

« Un agenda européen pour l'économie collaborative », Communication de la commission au parlement européen, au conseil, au comité économique et social européen et au comité des régions, 2 juin 2016.

« E-government for the future we want », United nations E-government Survey 2014.

« Patterns of disruption : Anticipating disruptive strategies in a world of unicorns, black swans, and exponentials », Deloitte, 2015.

« La profession va-t-elle se faire ubériser ?», Think Tank Les Moulins, novembre 2015.

« Shoppers disrupted », IBM Institute for Business Value, 2015.

« Transformation numérique et vie au travail », rapport établi par Bruno Mettling, septembre 2015.

« Économie Numérique », note du Conseil d'Analyse Économique (CAE), Nicolas Colin, Augustin Landier, Pierre Mohnen et Anne Perrot, octobre 2015.

« Le numérique déroutant », BPI France Le Lab, automne 2015.

« La société française en voie d'ubérisation ? L'enjeu du collaboratif » Atlantico.fr, septembre 2015.

« La société française au miroir d'Uber », Observatoire SocioVision, septembre 2015.

« La France du Bon Coin : le micro-entrepeneuriat à l'heure de l'économie collaborative », David Ménascé pour le compte de l'Institut de l'entreprise, septembre 2015.

« Design to Disrupt », SOGETI, Groupe Capgemini, 2014.

« Les auto-entrepreneurs et l'ubérisation », Fédération des auto-entrepreneurs, juin 2016.

« L'aventure numérique, une chance pour la France », Roland Berger, septembre 2014.

« Uber And Disruption », Elad Gil, janvier 2014, Techcrunch.com.

« What it means when the crowd becomes part of your company », Jeremiah Owyang, Theondemandeconomy.org.

La Révolution transhumaniste, Luc Ferry, Plon, avril 2016.

Ubérisation = Économie déchirée ?, Bruno Teboul et Thierry Picard sous la direction de Xavier Wargnier, Éditions Kawa, avril 2015.

« La "disruption destructrice" à l'œuvre », Bruno Teboul, Revue *Constructif* n° 44, juin 2016.

« Étude sur les différentes formes de voitures de transport avec chauffeur (VTC) », ADEME, juin 2016.

Bienvenue dans le capitalisme 3.0, Philippe Escande et Sandrine Cassini, Albin Michel, 2015.

« Uber: the transportation virus », Fabernovel innovate, juillet 2016.

« The future of employment : how susceptible are jobs to computerization ? », Carl Benedikt Frey et Michael Osborne, 17 septembre 2013.

« Is Uber Pop ? De l'origine sociale des conducteurs de VTCs », Charles Boissel, octobre 2015.

« La transition numérique au cœur de la stratégie d'entreprise », The Family, novembre 2014.

pca
cmb
édition pré-presse
livres numériques

44400 Rezé

75454 - (I) - OSB 80° - PCA - BTT

JOUVE
1, rue du Docteur Sauvé, 53100 MAYENNE
N° 2441938J
Dépôt légal : octobre 2016

Imprimé en France